菊池省三の
学級づくり方程式

著 菊池省三
構成 関原美和子

小学館

菊池省三の学級づくり方程式

菊池省三　著
関原美和子　構成

小学館

はじめに

今から10年近く前、荒れていた学級が少し落ち着いてきたとき、子どもたちに「教室はどんなところですか?」と書かせたことがあります。「勉強するところ」「いろいろな知識を学ぶところ」と多くの子が書く中で、一人だけ、「担任の先生と自分たちが教室以外の人たちに成長を見せる場」と書いた子がいました。つまり、担任も6年1組の一員だと考えてくれていたのです。

それを読んだとき、教室の外側から見て「6年1組はだめだな」「子どもたちはなっとらん」と指導しても、子どもの心に入らないことに気づきました。子どもたちの心に寄り添い、教室の内側から見ていかなければ、と思ったのです。

全国あちこちの学校からお声がけをいただき、授業を行ったり先生方の授業を参観する機会が増えました。様々な学級を見るうちに、どうも外側から見ている教師が多いことに気づきました。教室ではなく、いわば職員室に目が向いているのです。他の教師や管理職の目、さらには保護者の目が気になって、「うちの学級はちゃんとしておかなければ」という指導に走るのではないかと思うのです。

実は誰も子どもを見ていないという状況では、学級が荒れるのは当たり前です。

いろいろな背景をもつ子どもたちが多くなりました。特別な支援が必要な子や家庭に問題がある子、外国にルーツをもっている子など、様々な子どもたちがいます。教室にいろんなでこぼこができているのです。こうしたでこぼこを平らにならそうとすると、学級を整えることに気を取られ、教師が全てを統率してしまう。そこに、個々が活きる学びは存在しません。こうした学級では、「問題を抱えた子」にはふたをしたり、排除する傾向になるのではないでしょうか。でも実は、「問題を抱えた子」の存在こそが、これまでの一斉指導の教育観を覆してくれるのではないかと思うのです。統率型ではなく、子どもが自ら学びを拓いていく指導へ。整えるのではなく、でこぼこを活かすのです。

でこぼこを活かすというのは、「問題を抱えた子」を活かすということです。でこぼこには、行為そのものが突出している行動面と、発想が非常にユニークである内容面という二つの面があります。整えようと思うと、その子たちの行動が気になります。でも、活かそうとすると、まったく違った子どもの姿が見えてくるはずです。

目の前の現実の学級の中には、いろいろな問題を背負っている子どもがいます。でも、教室の中では、抱えているものがハンディにならないと感じられるように。教室は、「私もできるんだ」「ぼくも頑張ってみよう」と、どんな子も生き生きできる空間でありたいと強く思うのです。

そのとき何より大切なのは、教師が「この子たちは絶対によくなるし、変わる」と信じること。難しい理論はいりません。絶対によくなるという信念や覚悟の強さが全て。そう信じて指導しないかぎりは、何をやっても無理だろうと思います。

今の子どもたちは、22世紀を生きる人です。22世紀はどんな時代になり、どんな力が必要になるのだろうと想像したとき、単に学力テストの点数を上げるだけの学校教育でいいはずがありません。

一斉指導の〝教えやすい〟授業から、子ども一人ひとりが主体となる〝学びやすさ〟を追求する授業へ――こうした授業観の転換が必要なのです。

「教育は、〈教化〉と〈感化〉だ」

教師を目指したことがある方なら、誰もが学んできたことと思います。自分の取り組みを改めて振り返ったとき、この言葉が頭をよぎりました。

知識を教える〈教化〉と、考え方や行動に影響を与えて相手を変えさせる〈感化〉は、学校教育において大切な両輪です。しかし昨今、どうも、〈感化〉が軽視されているように感じています。

子どもの学力低下が問題視され、学校に厳しい目が向けられるようになりました。その結果、学校教育の一部にすぎないはずのテストの点数が、そのまま担任、そして学校への評価と結びついてしまっているのです。過度に職員室を気にし、保護者を気にし、教師が自分らしさを発揮できず、日々の授業に追い立てられているのです。

「一つとして同じ学級はない」

担任をしながら、いつも心に留めてきた思いです。

同じ教科書を使い、同じような時間割で授業が行われても、同じ学級は一つとして存在しません。なぜなら学級は、数値化できない空気をつくるからです。

学級の空気は学級文化となり、子どもたちの人間性を築いていきます。温かい人間関係が成り立つ学級文化の中では、一人ひとりが自分らしさを発揮し他者を認め、より成長しようとお互い高め合っていきます。一方、冷たい学級では、自分だけがよければいいという独りよがりな考え方が蔓延し、協力して新しい何かをつくり出したり、学級全員で成長しようという思いはありません。

知識を与えるだけでは子どもは育ちません。学んだ知識をどう受け止めどう活かすか、自ら考え行動に移すことで子どもは成長するのです。この変容こそが〈感化〉なのです。

小学校教諭を退職するまでの33年間、私は一担任として、目の前の子どもたちと向き合ってきました。子どもたちの成長を信じ、荒れた子どもたちが本来の子どもらしさを取り戻して温かい学級をつくっていく過程は、まさに成長曲線を描くようでした。一人ひとりの成長の伸びしろの大きさが、私自身の指導のあり方を大きく支えてくれました。

荒れた学級をどう立て直してきたのか、私自身の経験を振り返ってみると、〈感化〉を前面に押し出したことで、子どもが変わっていったことに気づきました。

言葉を学級づくりの核にしてきた私は様々な「価値語」を教えてきました。例えば、話し合いをするとき、あるペアの子どもたちが向かい合って話していたら、「正対してお互い理解しあおうとしていますね」とほめます。すると、次々と正対するペアが増えていきます。全員が正対したところで、「正対の輪ができたね」とさらにほめます。「正対の輪」というこの学級独自の価値語が生まれたのです。それから、子どもたちは積極的に価値語を使い、また自ら価値語をつくろうとしました。言葉を大事にするという私の思いを子どもたちは受け止め、価値語が学級のキーワードになったのです。

〈教化〉としては、たった一つの単語を覚えたにすぎませんが、〈感化〉の面から見れば、一つの価値語を覚え、みんなで使い、さらに新しい言葉をつくっていったことになります。こうした取り組みを、当時6年生だったある女子が「成長の授業」と話してくれました。なるほどなあ、と感心しました。教師が一人ひとりを認め、その子らしさを引き出し、学級全体で共有できるようにすることが、一人ひとりの子どもと教師自身の〝成長〟につながっていくのです。

本来、子どもたちにとっては、教師が教室に存在していること自体が〈感化〉のはずです。教師はもっと自信をもって自分らしさを発揮していくべきなのです。

これまで私は、数値化されにくい〈感化〉をわかりやすく伝えるために、式や数字にたとえて子どもたちに話してきました。本書は、それをまとめたものです。

本書が、子どもたちと教師自身の成長に少しでもお役に立てれば幸いです。

目次

第2章◉成長しつづける人間を育てる方程式

《第1章》

成長しつづける学級をつくる方程式

自分の意見を発表する、人の意見にじっくりと耳を傾ける、活発な話し合いを楽しむ――学級力のバロメーターになるのがコミュニケーション力だ。２つの力は、お互いに同時進行で伸びていく。１年後の学級像を目指して、焦らずじっくりと。この章では、成長しつづける学級をつくる方程式を取り上げる。

学級づくりの核となるコミュニケーション力を育む〝思いやり〟

方程式①

コミュニケーション力＝（内容＋声＋態度＋α）×相手への思いやり

昨今、どのように人間関係を築けばいいのかわからない子どもたちが大勢います。自分に自信がもてず、不信感でいっぱいの子どもたちは、相手を攻撃することで自分を守ろうとするのです。

学校は社会の縮図です。社会の様々な問題が、学級崩壊やいじめなどに姿を変え、子どもたちの人間関係にも影を落としているのです。

私はこれまで、こうしたゆがんだ人間関係を立て直し、子どもたちが自分らしさを素直に出すことができる学級づくりに取り組んできました。その中で積み重ねてきた学級づくりの原則を、自分なりにいくつかのシンプルな「式」で表し、様々な場面で子どもたちに提示していきます。どの式も学級づくりの核になるものです。

この章では、私の実践から生まれてきた、あるいは経験する中で実感した「学級づくりの方程式」を紹介していきたいと思います。

思いやりがゼロなら、コミュニケーション力もゼロになる

新年度がいよいよスタート。新たな出会いに、「子どもたちとともに、今年度も成長していこう」と心を新たにしています。

４月早々、子どもたちに自己紹介をしてもらうとき、私は黒板に次の式を書きます。

コミュニケーション力＝（内容＋声＋ 態度＋α）×相手への思いやり

学級を見渡すと、教師や友達に対して不信感をもち、期待と不安が入り交じった表情をして

いる子どもたちが大勢います。子どもたちがお互いを認め合い、自分らしさを発揮できる学級にしていくための最も根幹になるのがこの式なのです。

一通り式の説明をしても、多くの子どもたちは「ふーん」と曖昧な表情をしています。それまでコミュニケーション力を培ってこなかったため、頭では何となくわかっても、ピンとこないのでしょう。

私も当然、この式をすぐに理解させるつもりはありません。コミュニケーション力の指導の要所要所で、年間を通じてこの式を示していきます。実際に、子どもたちがこの式の意味を理解し、意識し始めるのは、クラスの人間関係が築かれ始める1学期の終わり頃で、本当に実感するのは11月あたりからです。

この式の（　）の中は、コミュニケーションに必要な技術になります。話す内容や声の出し方、話す姿勢や聞く態度など、スピーチを指導するときに欠かせない技術的な要素です。αとは、話したり聞いたりするときの工夫を指し、うなずきや相づち、ジェスチャーやユーモアなど相手を引きつける工夫が当てはまります。

そしてこの式の一番のポイントが「×相手への思いやり」です。思いやりはたし算ではなく、かけ算になります。どのように優れた技術で向かい合っても、相手への思いやりがなければ、一方的な話にすぎず、お互いの間にコミュニケーションは成り立ちません。つまり、いくら内容がよくても、コミュニケーション力はゼロになってしまうのです。技術と相手への思いやりが掛け合ってこそ、相手との関係が築き上げられるのです。

この式は、コミュニケーション力を育てる大切な要素が全て入っています。どれが欠けてもコミュニケーション力は育ちません。

〝技術〟に偏る発表指導

私がコミュニケーションの授業に取り組み始めたのは、教師になって9年目を迎えた年でした。受け持った6年生に簡単な自己紹介をしてもらったところ、その場が凍りついてしまったのです。何人かは涙ぐんでしまい、話すどころではありません。他の子もか細い声で話したり、からだをずっと動かしたまま落ち着かなかったりで、まともな自己紹介ができる子は誰一人いませんでした。

仲間とのふれあいを通して、温かい雰囲気の学級をつくる必要に迫られた私は、「言葉」を豊かにするコミュニケーションの指導を模索しました。当時はコミュニケーション力を育てる指導の教材や指導法はほとんどなく、独自に指導方法を考え「話す指導」に取り組みました。

当時は、内容や声、態度など話すための技術に力を入れ、それぞれ細切れで指導していました。あるとき子どもたちに、「自己紹介をするとき、どんなことに気をつけるか」と尋ねると、多くの子が「大きい声で」「ハキハキと」「みんなに聞こえるように」と、〝声〟に対して集中していることが気になりました。

「これまで子どもたちは、発表するときの声の出し方ばかり指導されてきたのだろうか？」

そう思って子どもたちの発表の様子を見てみると、あらかじめ書いたものをそのまま暗唱して読み上げる音読のような内容や、「気をつけ」のような直立不動の姿勢など、コミュニケーションとはほど遠い姿でした。これではまるでしつけのレベルです。話す技術に特化した指導では、本当のコミュニケーション力は身につかないと考え、「相手」の存在をより意識する指導を行うようにしました。

その一つが、コミュニケーションに必要な「力」を各自が調べ、学級全員で一冊の事典をつくる取り組みです。「話題力」や「笑顔力」など外部の専門家にインタビューに行く子どもたちに同行した私は、ある共通点に気づきました。どの人も「大切なのは、相手への思いやりだ」と締めくくっていたのです。いい関係を築くためには、相手を気遣うやりとりができること。コミュニケーション力の指導の中で、技術と思いやりがつながりました。

様々な価値観を認めることで新しい価値が生まれる

それから少し後、受け持っていた5年生の教室に、「話を聞く」というテーマでラジオ番組の取材が入りました。1年生と一緒に遊ぶ計画を立てる活動で、子どもたちは活発に話し合っていました。手応えを感じた私は、取材後、アナウンサーに感想を求めると、こんな返事が返ってきました。

「子どもたちはとても意欲的でした。でも、もう少し思いやりがあるといいですね」

私は愕然としました。確かに、子どもたちは活発に質問し、意見を出し合っていました。でも、その内容は「もし1年生が失敗したらどうするんですか？」「もし決まりを破る人がいたらどうしますか？」というような、相手をやり込め、非難するような質問ばかりが続いたのです。相手が答えに詰まる意地悪な問いかけであることにすら気づいていない子どもたちを見て、私は話し合いで最も必要なのは、思いやりであることを痛感しました。

そもそも何のために話し合いをするのでしょうか。話し合いとは、自分の考えを述べ、相手の意見に耳を傾けることで、様々な価値観があることを知ること、様々な価値観をすり合わせることによって、新しい価値を見出していくことだと思っています。その結果、相手とより良い関係を築くことが、コミュニケーション力の目標なのです。

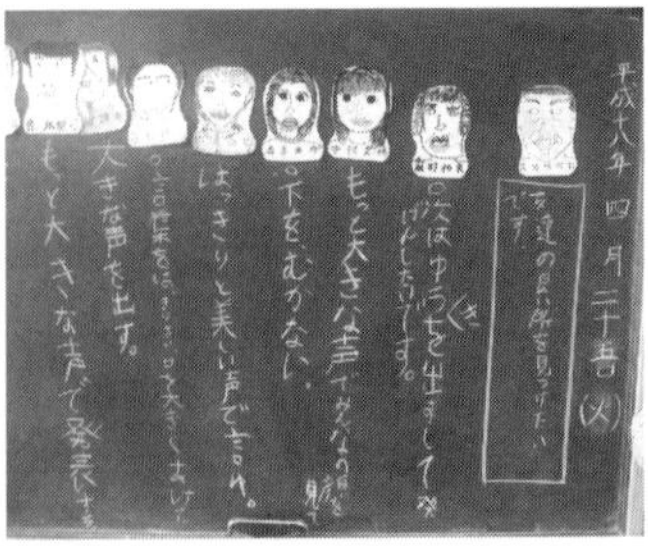

「発表のとき、どんなところに気をつけたいか」を４月に尋ねると、多くの子どもたちが、「声」にこだわっている様子が見られる。

笑顔やユーモア、相手を見てしっかり聞く。こうした技術に思いやりが掛け合って、初めてコミュニケーション力が育つ。

そう考えると、どんなに優れた技術があっても、思いやりがなければコミュニケーションは空回りしてしまいます。技術と思いやりの関係は「＋」ではなく、「×」だということがはっきりと見えたのです。

より良い学級づくりの土台となる方程式

「同じ学級は二度とない」――私が20代だった頃に、いろいろと教えていただいた大先輩の言葉です。今でも私の学級づくりの礎になっている言葉です。

新しいクラスを受け持ったたび、「今まで受け持った学級を超えるクラスをつくろう」と心に誓います。より良い学級をつくっていくための私の覚悟です。このとき基準となるのが、「学級づくり方程式」です。新しい学級づくりに取り組むとき、いわば「ここまではやっておきたい」という基準のようなものです。

もちろん、式の通りに取り組まなければいけないというものではありませんが、過去の学級づくりの積み重ねを式として示すことで、より良い学級づくりを目指す礎となっているのです。

Ａさんは、２学期半ばを過ぎても、みんなの前で発表することができずにいました。とてもまじめで、話し合いが終わるたび、「今日は発表できなかったけれど、次は頑張る」と決意するのですが、その場になると雰囲気に押され、埋もれがちになってしまいます。そんなＡさんが勇気を振り絞って発表したとき、私は「Ａさんの発表はとても笑顔がよかったです」とほめました。もし教師が評価の基準を声の大きさだけしかもっていなければ、小さい声のＡさんの発表は低い評価になってしまいます。

自分と相手の意見をつなげる。温かい教室には、温かいコミュニケーションが成り立っている。

コミュニケーションの目的は、相手の良さを引き出し、お互いにいい関係をつくっていくことです。良さを引き出す視点は、声だけでなくいくつもあるのです。そんなときによりどころとなるのが、コミュニケーション力の式なのです。

Ａさんの良さを教師が認めることで、子どもたちも様々な良さがあることに気づいていきます。朝の質問タイムでＡさんの順番がきたとき、Ａさんが前回に発表していた募金活動について、Bさんが質問しました。Aさんは、募金活動を始めたきっかけなどを笑顔でハキハキと話していました。自分が一生懸命取り組んでいること、そして2か月以上も前に話した内容をBさんが覚えてくれていたことが嬉しかったのでしょう。Aさんは、3月には「私が発表できるようになったのは、5年1組のみんなのおかげです」と話していました。

断片的にとらえるのではなく、以前の話を踏まえたBさんの質問は、Aさんの輝きを引き出そうとした温かいコミュニケーションにあふれています。大きな思いやりが掛け合わされて、豊かなコミュニケーション力となったといえましょう。

１年間に交わされるほめ言葉は、価値ある宝物

方程式②

30×30×5

プラスの雰囲気で一日を締めくくりたい

私は、教室で日々「ほめ言葉のシャワー」に取り組んでいました。

「ほめ言葉のシャワー」は、一人ひとりのいいところを見つけて、クラス全員がほめ合う活動です。一人一枚の日めくりカレンダーで、その日にちを書いた子が帰りの会で教壇に上がり、

クラス全員からほめ言葉の〝シャワー〟を浴びるのです。5月頃から開始し、1年間でおおよそ5巡できます。

「ほめ言葉のシャワー」に取り組むとき、最初に、私は次のような式を示します。

30×30×5

これは、学級の人数が30人の場合、1年間で交わされる「ほめ言葉」の数を示しています。1年間で4500もの温かい言葉が教室で交わされるのです。

まずは、「ほめ言葉のシャワー」について説明しましょう。

私が「ほめ言葉のシャワー」に取り組んだのは、今から20年以上前になります。毎年、3学期になると卒業カウントダウンの日めくりカレンダーをつくっていたのですが、「それだけではもったいない」と思い、その日のカレンダーを書いた子を〝主役〟にして、クラス全員でほめることにしました。本人はもちろん、クラス全員に笑顔があふれ、教室の雰囲気がとても温かくなりました。

終わりの会は、「今日、○○さんが掃除をさぼっていました」などの言いつけ合いになることもしばしばあります。これでは、マイナスの雰囲気で一日を締めくくることになります。それよりも、友達をほめることでプラスの雰囲気で締めくくる方が、どれだけ気持ちいいでしょうか。

私はさっそく翌年から、各学期の終業式に合わせてカウントダウンの日めくりカレンダーをつくるようになり、１学期から年間を通して「ほめ言葉のシャワー」をすることにしたのです。

「ほめ言葉のシャワー」は、原則として「事実・一文＋気持ち・一文」で、次々と自由に起立し発表します。最初の1巡目はまだ慣れていないので、書いたものを読んだり列ごとに順番に立ってスピーチしてもいいことにします。全員が「ほめ言葉のシャワー」を話し終わったら、シャワーを浴びた子が、お礼や感想のスピーチを述べます。

一巡のスピーチで、一人の子が他の子どもたちからほめられる数は、30×30で９００個になります。「え？　他の子はその子を除く29人だから、正しくは（30×29）じゃないの？」と質問されることもありますが、計算がややこしくなるので（笑）、あとの１つは「先生（私）の分」ということで30にしています。これを５巡するので４５００個、６巡できたら５４００個ということになります。

この式は、学期始めや年度末など、子どもたちに意識させたいときに度々話します。子どもたちは数の多さに驚き、ますますやる気を出します。

「ほめ言葉のシャワー」を通して自己肯定感が生まれる

ここ数年、講演や研修会などで、「ほめ言葉のシャワー」を紹介する機会が増えました。多くの方に、ほめることの大切さを理解してもらえるようになってきたかな、と手応えを感じるようになりました。

一方で、子どもをほめること、子どもたちがお互いをほめ合うことに懐疑的な見方があるのも事実です。ほめ合うことで、子どもたちのつながりが本物になっていくということを知らないのかもしれません。

講演後、「ほめてもらいたくて、いいことをわざわざしようとする子がいるのでは？」という、どちらかというとほめることに対して否定的な質問を度々受けることがあります。

私は、「もちろん、最初はそういう子もいます」と答えています。その子の対応を否定する気持ちはまったくありません。むしろ子どもらしさにあふれているなあ、と前向きにとらえているのです。

1巡目は、初めての体験なので、ほめる側もほめられる側も、「どうなるのだろう」と不安と期待でいっぱいです。ほめられたくて普段より張り切る子どもも当然出てきます。そういうことに対して私は、「君の本当の実力を出そうとしてくれているんだね」「今日は最高に気合が入っているね」とうんとほめます。

「ほめる」「ほめられる」ことをあまり経験しないまま、進級してくる子どもたちも少なくありません。ですから、まずは「ほめる」「ほめられる」心地よさを実感させたいと考えています。

普段より背伸びしたような行為も、徐々に少なくなっていきます。なぜなら、必ずしもほめられたいがための行為がほめられる対象にはならないことに気づくからです。

例えば、その日にほめ言葉を受けるAさんが、普段より熱心に掃除に取り組んだとしましょう。確かに「ほめ言葉のシャワー」で、掃除の姿を取り上げる子もいます。一方、「とても元気よく挨拶をしていた」「鉛筆を拾ってあげたら、笑顔で『ありがとう』と言ってくれた」など、掃除以外の場面を取り上げる子どもたちも多くいます。Aさんは、自分が気にも留めなかった場面に気づいてくれた友達にびっくりします。

やがて、子どもたちは「無理して、いいことをしなくてもいいんだ」「普段通りにしていても、自分のいいところを見つけてもらえるんだ」と信頼感をもつようになります。「ありのままの自分でいい」という自信と安心感が教室の中に広がっていくのです。

一人の価値がみんなの価値に

教室で交わされる温かいほめ言葉の数は、クラスにあふれさせたい価値観の数でもあります。例えば、「今日、Bさんは最後の一人になっても漢字ドリルに一生懸命取り組んでいました」というほめ言葉が出たとき、私はすばらしい着眼点のCさんをほめ、「たとえ最後の一人になってもやり通したBさんの行為を、『一人が美しい』というのです」と価値づけて話します。このように価値づけることで、ほめ言葉が、他の場面や行為にも広がっていくのです。

昨年度受け持ったS君の話をしましょう。S君は、何かおもしろくないことがあれば、すぐに学校を飛び出してしまい、そのたびに周りの先生たちは振り回されていました。今考えれば、学級からいなくなることで、クラスのみんなに〝できない〟ことを隠そうとする自信のなさの表れだったのでしょう。

S君は、学習の積み重ねがないため授業の内容が理解できず、最初の頃はふてくされた態度を取っていました。授業中にノートも取らず（そもそもノートを持ってこなかったのですが）、机に突っ伏していたり、発表の順番がきても黙り

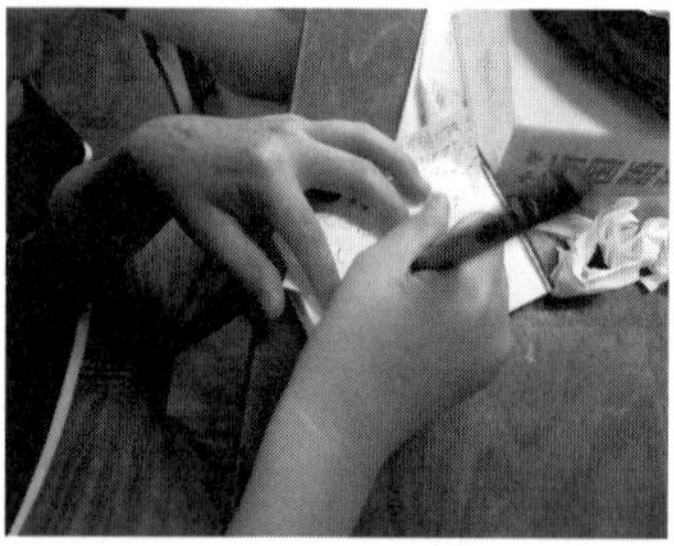

ノートをもたず、メモに家庭への連絡事項を書くS君。授業中もほとんど記録を取らなかった。

３月。クラス全員が自分の成長を黒板いっぱいに書いてくれた。Ｓ君の表情も自信に満ちあふれている。

１巡目の「ほめ言葉のシャワー」では、本当にほめてもらえるのか、不安と期待で半信半疑な様子。

込んでしまったりしていました。教師やクラスメートに対して不信感を抱いているＳ君は、気が合う数人としかつながりをもちません。とても狭い社会の中で生きていました。

そんなＳ君の最初のほめ言葉のシャワーの順番が回ってきました。１巡目ですから、子どもたちのほめ言葉もまだ表面的なものばかりですが、Ｓ君はほめられてまんざらでもない様子です。

そんなとき、Ｅ君がほめる順番になりました。Ｅ君が「Ｓ君は運動会の準備を一生懸命やっていました」とほめたところ、Ｓ君が「おれ、やってねーし」とぼそっと不機嫌そうにつぶやきました。実は運動会の準備のとき、Ｓ君はトラブルを起こし、他の先生から叱責されてその場を逃げ出していたのです。数少ない友達の一人であるＥ君がきちんと自分を見ていなかったことにショックを受けたのでしょう。もちろん、Ｅ君も悪気があったわけではありませ

自ら「お笑い係」になったにもかかわらず、1学期は何もできなかった男子。自信がもてるようになった3学期は、ショートコントでみんなを笑わせるまでに成長。

ん。学級の人間関係が十分でないこの時期は、表面的でもほめるところを見つけるだけで精一杯なのです。

みんなに認められるうちに、S君は少しずつ心を開き、できることから取り組むようになりました。みんなもそんなS君の頑張りを細部まで見るようになり、ことあるごとにS君の頑張りをほめるようになりました。

そこで、3月の学年末の時期に「S君の成長から学ぶべきことは何か」というテーマで、学級全員でS君のいいところを挙げました。ほめ言葉で埋め尽くされた真っ白な黒板を見て、私はテーマの「S君」の部分を「自分、みんな」と書き換え、黒板に書かれたほめ言葉は、学級全員に向けられたものでもあることを話しました。

ほめ言葉の価値は、その場だけのものでも、一人のものでもありません。学級全体の価値であり、宝物なのです。

ほめ言葉の数が2倍に

「ほめ言葉のシャワー」を通して、子どもたちは、ほめることで相手の良さに気づき、ほめられることで自分の良さにも気づいていきます。ありのままの自分でいいという自己肯定感につながるのです。ほめ言葉の内容も、回数を重ねるごとに一人ひとりの個性、〝その子らしさ〟が光るようになってきます。そう考えると、最初の頃は〈30×30〉だった式が、「ほめ言葉のシャワー」を重ねるごとに、〈(30＋30)×30〉に進化していくことに気づきました。

(30＋30)とは、一回のほめ言葉のシャワーで飛び交うのはほめられた子に対するほめ言葉30個だけでなく、実は、ほめた子一人ひとりのその子らしさがあふれたほめ言葉の価値30個が加わって60個になるということ。そのように式を解くと、ほめ言葉のシャワーの数は2倍になります。

具体的な数を通して、子どもたちは1年間で教室にあふれるほめ言葉とその価値を実感し、「自分たちはそこまでやったんだ」という自信が、新たな挑戦につながっていくのです。

子どもの「事実」を書き留め、指導に役立てる

方程式③

プラス面：マイナス面＝6：4

一歩引いて客観的にかかわる

1学期も半ばを過ぎると、新年度、「頑張ろう！」と少し背伸び気味で頑張ってきた子どもたちは、そろそろ良くも悪くも緊張が解けてきます。特に5月に運動会が行われる学校では、大きなイベントを一つ終えたことも重なり、学級に緩みやたるみが生まれてきます。

子どもたちの成長が直線的に伸びていくものだととらえている教師の場合、マイナス面ばかりに目が行き、叱る場面が増えていきます。叱って従わせる管理的な指導が進むと、子どもたちも反発し、学級にマイナスの雰囲気が生まれてきます。

子どもたちのマイナス面ばかりが目につくのは、教師が子どもに近づきすぎ、いわば地上戦になっているためです。子どもと一定の距離を取り、一歩引いたところから子どもを〝眺める〟、空中戦にシフトすることが大切です。

一歩引くことで、子どもたちを客観的に見ることができるようになります。すると、子どものプラス面もたくさん見えてきます。私は、常に子どもたちと「長所接近法」でかかわる教師でありたいと考えています。

見通しをもたないとマイナス面に目が向く

４月には、子どものいいところを見つけてほめようと思っていたのに、気づくと子どものマイナス面ばかりが目についてしまう教師も少なくありません。子どもがちょっと問題を起こしたとき、「今までと比べれば、ずっと成長したのだから」ととらえることができず、「またやりおったか」と落胆してしまう……。見通しをもたず、その場しのぎの対応に追われてしまうのです。

子どもたちは、いつも一直線に成長するわけではありません。特に1学期は、様々な価値観や行動を身につけることに精一杯で、線はまだまだ横ばいに近い状態です。教師が1年後のゴールを見据えた長期的なスパンで目標を立て、指導を考えていれば、子どもの多少の揺らぎも余裕をもって受け止めることができるはずです。

これから先、「長所接近法」で子どもたちとかかわることができるか、自分のかかわり方が試されているのだととらえ、省みることが必要です。

自分の指導を振り返るためのチェック

子どものマイナス面が気になるのは自然なことです。自分を責める必要はありません。ましてや子どもを責めることがあってはいけません。こういうときこそ、私は次のようなバランスで子どもを見ることが大切だと思います。

プラス面：マイナス面＝6：4

人の短所は1％の努力で見つけることができるが、長所を見つけるには99％の努力が必要だという話を聞いたことがあります。意識して見なければ、人は悪いところにばかり目が向いてしまうのです。それならば、日常的にプラス面を見つけられるような工夫を考えればいいのです。私が提案するのは、一人の子どもにつきプラス面を6つ、マイナス面を4つ挙げてノートに記録することです。

もちろん毎日全員分を記録するのは無理ですから、3つのグループに分けて見るようにします。対象にするのは、問題を抱えている子が多い下位グループ、クラスをリードすることができる上位グループ、そして学級全体の合計3グループです。

グループ化してチェックすることで、全体の傾向をとらえることができます。自分の指導の弱いところや、力を入れるべきところが客観的に見えてきます。

記録は、プラス6つ・マイナス4つと数を揃えます。そうしなければ、下位グループの子はマイナス面ばかり、上位グループの子はプラス面ばかりに目が行きやすくなるからです。1学期に1回は、どの子も見るようにしましょう。

ノートには、具体的な行為や事実のみを記録することが必要です。教師の思い込みや臆測を混ぜないことがポイントです。この記録は、自己分析をするための基礎資料になります。

ノートは、時間があるときにパソコンなどに入力しておきます。読み返すことで新たな発見をしたり、今後の指導を考える貴重な資料となります。特に、マイナス面については、自分自身の指導を見直すきっかけにもつながります。

事実を記すことで根拠が見える

私が受け持っていた6年1組のS君の、5月中旬の記録を紹介しましょう。（　）で囲んでいる文は、後から振り返ったときに加筆したものです。

〈プラス面〉

①友だちに話しかけられたら、瞬時ににっこりほほえんだ

②「4年生の時より成長しましたね」とBさんからほめられたとき、「はい」と素直に答えた

③徒競走では、練習でも力を抜かずに全力で走った

④3時間目に遅れたのは、保健室に行ったC君の様子を心配し、聞きに行っていたから

⑤社長ゲームで、自分から円の中に入った

⑥ゲームで社長になったとき、思わず足を組んでポーズを取るほど、熱中して参加していた

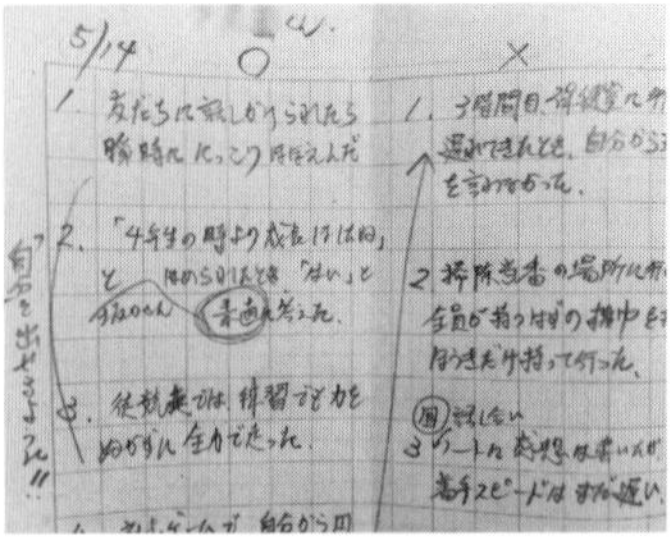

子どものプラス面、マイナス面を日々書き留めておくことが大切。子どもの事実をもとに、今後の指導の手立てを考える。

学び合いが定着すると、男女関係なく自然に教え合う。

誰とでも仲良くゲームを楽しむ。

（無邪気な成長）
〈マイナス面〉
①3時間目、保健室にいるC君のところに行って遅れてきたとき、自分から理由を言わなかった
②掃除当番の場所に行くとき、全員が持つはずの雑巾を持たず、ほうきだけ持って行った
③話し合いのとき、ノートに感想は書いたが、着手スピードはまだ遅い
④算数の学び合いで、友だちから教えてもらっても、自分から学ぼうという態度が△。感謝し真剣に学ぶには△
（↓・グレーゾーンの指導　・学び・学ぶことへの自信を!!）

S君は、昨年度から引き続いて受け持ちました。
5年生になったばかりの頃は、授業中も机に突っ伏したまま、ノートさえ持ってきませんでした。友達や教師とトラブルを起こしては学校を飛び出すこともしょっちゅうです。そんなS君もほめ言葉のシャワーや話し合いの授業などを通して、学び合う楽しさを実感するようになりました。少しずつ努力するようになり、自分の意見を言い、考えをノートにまとめるようになりました。そしてS君の頑張りを、学級の仲間も認めるようになりました。

4月、クラス替えで新しいクラスになったとき、S君は「変わった自分を新しい仲間は認めてくれるだろうか」と葛藤していました。多少の揺り戻しは見られたものの、S君は新しいクラスでも伸びようと頑張っているところです。

さて、この日、S君は3時間目の授業に遅れてきました。遅れてきた理由を自ら説明をしなかったという事実は、確かにマイナスの行為です。しかし、こちらから理由を尋ねると、保健室に行っていたことがわかりました。

S君は記録にあるC君とは普段、特に仲がいいわけではありません。今までのS君だったら、全く関心を示さなかったでしょう。それが今では、クラスメートを心配して保健室まで様子を聞きに行ったのです。

後から記録を読み返してみると、S君の友達に対する思いやりをしっかりと読み取ることができました。

事実を書き留めたことで、S君の行為を「根拠あるプラスの臆測」として位置づけ、振り返ることができたのです。S君の行動を価値づけて他の子どもたちにも伝え、クラス全体で価値

プラス面６：マイナス面４のノート

＊上位グループの子の記入例

○	×
①友だちが書いた朝の黒板メッセージの誤字を黙って書き直していた ②挨拶を忘れて教室に入ってきた友だちに「おはよう。挨拶あるといいね」と何気なく注意していた ③国語の授業中、自由に席を立って話し合うときに、一人でいたＤさんに「こっちに来て」と声をかけて誘っていた ④算数の学び合いの時間に、Ｅ君の横に寄り添ってやさしく教えていた ⑤掃除時間に「何か、今した方がいいことはありませんか？」と仕事をするために私のところに来た ⑥「ほめ言葉のシャワー」のとき、目線を外していたＥ君に小声で注意をしていた	①朝のリコーダーのオルガン伴奏時に、曲の選定について少し教師に頼るところがあった (「仕切る」意識がもう少しあれば…) ②国語科の話し合い時に発言を躊躇していた (ノート以外の内容も発言できるといい) ③給食準備中に読書をしていた (全体のことを考え、行動してほしい) ④「ほめ言葉のシャワー」の視点はいいが、みんなにもわかる言葉の使い方があるといい

＊学級全体の記入例

○	×
①朝、数名が自ら１年生のお世話に行っていた ②朝自習を静かに行っていた ③朝の質問タイムのときに、前の友だちの質問や過去の出来事と関連させた質問が多かった ④全員が無邪気にゲームを楽しめるようになっている ⑤国語の話し合いで、自分から潔く立場を変える友だちを拍手でほめあっていた ⑥帰りの時間が少し遅くなっても、「ほめ言葉のシャワー」を成立させようという雰囲気が感じられた	①４月よりはよくなっているが、朝のテンションがまだ低い ②友だちの指示が１回で聞けない (指示を出す友だちによって態度が変わる !?) ③学び合いで教える友だちがいなくなった後の自主学習ができていない子が多い ④「静かにしましょう」の指示がないと、給食時の放送の切り替えができない

を共有化したのは言うまでもありません。

わずか0・02の日々の差が、1年後に大きな成長の差を生む

方程式④

「0・99」と「1・01」の法則
0・99の365乗＝0・03
1・01の365乗＝37・78

数字の〝事実〟で子どもたちにインパクトを与える

「もう夏休み」「やっと夏休み」――。みなさんはどちらに感じるでしょうか。

1学期、学級経営がうまくいった方もあまり芳しくなかった方もいることでしょう。2学期に新たなスタートを切るためには、夏休みの間に1学期を振り返り、様々な角度から子どもた

ちの成長をとらえ、自分の指導の成果と課題を見つけることが必要です。

そこで、振り返りの指標の一つとなる「『0・99』と『1・01』の法則」をご紹介しましょう。ほんの少しのさぼりと努力が、やがて大きな差を生むというこの法則は、ビジネス書などでもよく取り上げられているようです。

式に表すと次のようになります。

0・99の365乗＝0・03
1・01の365乗＝37・78

4月、新しく受け持った学級で、私は子どもたちに〝成長〟の道を示します。A（右に上がっていく線）とB（平行のままの線）の2本の線を見せ、どちらの線を進みたいか、子どもたちの〝決意〟を尋ねます。学級の仲間みんなとともに伸び合うためには、今までの自分をいったんリセットし、新たな気持ちで臨むことが絶対に必要だからです。

もちろん、全員がAの道を選びます。しかし、最初の頃は、全力で走っていた子どもたちも次第に緊張がほぐれて、少しスピードが落ちてきます。別に悪い意味ではなく、自分のペースをつかもうとしているのですが、そこには気の緩みも生まれてきます。

宿題を忘れたり、時間を守らなかったり。子どもたちにこのような緩みが見えてきたとき、私は黒板に2つの数字を書きます。

0・99

1・01

「この2つの数字の差はいくつでしょう」

私の問いかけに、子どもたちはすぐに「0・02」と答えます。

まず、1×0・99（＝0・99）、0・99×0・99（＝0・98）、0・98×0・99……と続けて3回ほど計算させます。1・01も同じように3回計算し、答えの0・97と1・03の差を出します。0・06という数字に、子どもたちはほとんど差がない認識のようです。

そこで、「これを1年間続けるとどうなるでしょうか」と365乗した答えを示すと――。1日ではたった0・02だった僅差が、1年後には積もり積もって38もの差がついてしまうことに、子どもたちは驚きます。

宿題を忘れるのはいけないことだとわかっていても、ついうっかりしてしまう。子どもたちによくあることです。子どもに限ったことではありません。人は誰でも楽な方に流されがちなのです。

教師に叱られると、そのときは反省しても、少し経てばまた問題を繰り返してしまう。再び叱られると、周りの子から「あー、またか……」というマイナスの空気が教室に流れます。

「このままじゃまずいかなあ」と子ども自身が感じている様子が見られたとき、学級全体に向けてこの法則の数字を示します。宿題忘れが重なると、どのような差がつくのか、子どもたちに〝見える化〟するのです。この法則を示したからといって、すぐに行動が変わるわけではありませんが、正しい真理と数字を示すことで、本人の反省の度合いは強くなります。

もちろん、本人だけでなく周りの子どもたちにも強いインパクトを与えます。例えば宿題をやらずに登校し、朝の時間を使ってササッと済ませていた子がいました。確かに宿題はやっていますが、0・99に近い1・00だといえるでしょう。この法則を示したとき、「1・01にするためには、きちんと家でやってこないといけないな」と反省していました。他の場面でも、よりよいものにしようと努力するようになり、完成度が高くなります。法則を通すことで風通しがよくなりました。この法則は、必要な場面に応じて子どもたちに示しています。

目標を見据えてこそ、0・02の差の価値に気づく

「少しの努力」といえば簡単に聞こえますが、日々継続していくのは、そうたやすいものではありません。

齋藤孝先生がご著書で、イソップ童話の「ウサギとカメ」について書かれています。ウサギとカメの勝負を分けたのは、目の前のライバルであるカメしか見ていなかったウサギと、目標であるゴールを見据えていたカメの違いだったというものです。

ライバルのカメがのろのろと歩く姿を見たウサギは慢心して気が緩み、そのまま眠り込んでしまいます。一方、カメはウサギがさっさと走っているときも寝ているときも関係なく、ゴールを目指してマイペースで進んでいました。どのような結果になったかは誰もがご存じの通りですね。

つまり、０・９９タイプの子はウサギのように「大したことない」「ちょっとぐらい休んでもどうにかなるだろう」と狭い範囲で物事をとらえ、どうあるべきかというゴールを見ていないのです。

自分が目指すべき姿や目標をもっていなければ、いくら「日々の努力が大切」だと言われてもあまり効果は上がりません。「『０・９９』と『１・０１』の法則」は目標を見据えてこそ、その差の価値に気づくのです。

目の前の勝ち負けよりも、先にある目標を目指す

目標をもてずに目先の勝負にとらわれる〝ウサギ〟だったA君の話をしましょう。

学力も運動能力もあるA君は、教師の前ではうまくふるまうリーダー的なタイプでした。しかし、大人の目が届かないところでは、男子グループの裏の〝親分〟として好き勝手なことをしていました。〝子分〟たちに仲間外しやいたずらを指図し、その様子を楽しんでいたのです。

6年生になった彼を受け持った当初は、みんなで成長することを目標に示した成長（A）の道や「『0・99』と『1・01』の法則」の話をしても、頭では理解しても腑に落ちないという様子が見られました。

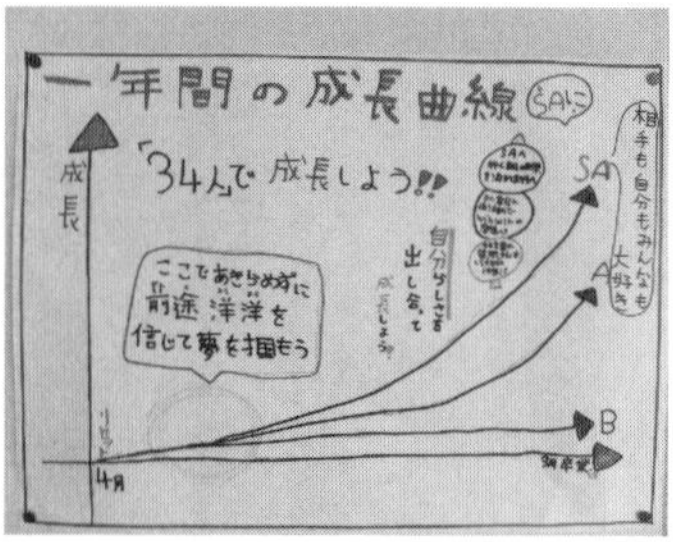

子どもたちが描いた「成長曲線」の図。

国語のある授業で、筆者の一番言いたい段落を選び、その理由を述べる話し合いを行ったときのことです。自分が選んだ段落と理由を話す↓違う段落を選んだ人が反論↓反論に答える、という展開で進めたのですが、ある子が自分の意見を述べた後、異なる考えのA君は「何でそう言えるんですか!?」「言えるもんなら言ってみいや！」とまるで威嚇するような勢いで反論しました。自分の意見に反論し

１学期のＡ君の様子。まだ自分に自信がもてず、成長ノートに書いた私のコメントが気になる様子で、一生懸命読んでいた。

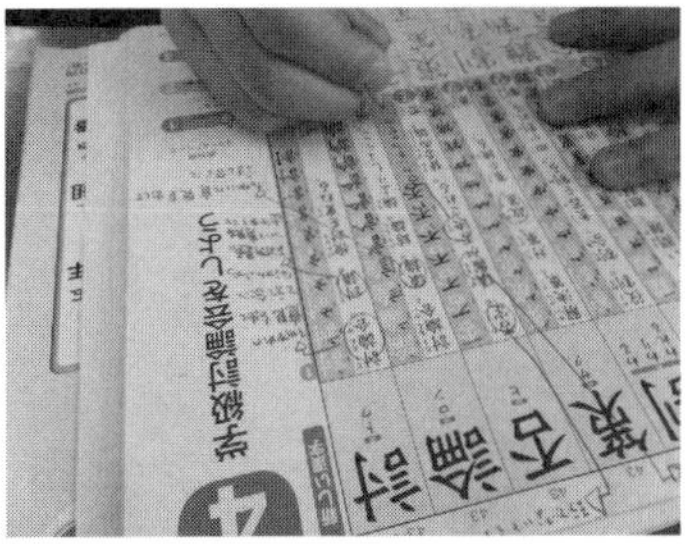
ドリルに漢字の練習をするだけでなく、意味も調べて書き込んでいる。1.01 が感じられる１枚。

てきた女子にも声を荒らげて攻撃的に答えます。

相手の意見を引き出して反論するのではなく、相手を否定してへこますだけの発表では、話し合いは成立しません。私は話し合いを打ち切り、反論した女子をほめた後、どのような言い方をすべきかを指導しました。相手の意見に納得したときは潔く自分の意見を変えること、人と意見を区別して話し合うことなどについて話しました。

その後、ディベートの授業に入ったときも、Ａ君の態度は変わりませんでした。４人でチームを組み、役割分担をして、立論→質問→反論の順番でディベートが始まりました。質問に答える役目だったＡ君はうまく答えられずイライラして激高し、質問者に質問返しをしてたたみ込もうとしました。もちろん、ルール違反でＡ君の班は負けです。勝利至上主義のＡ君は、負けたことが悔しくて仕方ない様子でした。

そこで授業の後、私はＡ君に「本当はみんなと協力して

「成長したいと思っていたんだよね」と話しかけました。自分の思い通りに進めるのではなく、仲間と協力し合って成長していくには、過去の自分をリセットしなければなりません。つくり上げた〝親分〟の顔を壊した後、どんな自分になるのかイメージできなかったA君は、きっと怖かったのでしょう。A君のような子は、「変わりたい」という思いがあっても、急には変わることができません。彼自身だけでなく、彼を認められる学級の空気が生まれなければならないのです。

自分が進むべき目標が見つからず宙に浮いていたA君でしたが、2学期の終わり頃になると、少しずつ変わっていきました。ディベートのときも、以前のように声を荒らげて言い返すのではなく、内容について振り返り、意見を述べるようになりました。ディベートや話し合いの授業は、自分の考えを深め、相手の良さを引き出し、新たな発見をすることだと、心から納得したのでしょう。周りのみんなと一緒に成長しながら、A君自身が自分の変化（成長）を前向きに受け止められるようになりました。

「ほめ言葉のシャワー」でも、昨年と比べて成長したことをみんなから認められ、A君はとても嬉しそうでした。変わった自分を肯定できるようになり、〝親分〟と〝子分〟の関係も、いつしか消滅していました。

3月、A君は「成長ノート」に、〈昔は相手の気持ち・価値を考えずに行動していた。……

自分が一人になるのを恐れていた。……しかし今は、自分の言葉や行動の価値を考えられるようになった。良いことをすると良い言葉や嬉しい行動が自分に降りかかってくる……〉。

目先の勝ち負けにこだわっていたA君は、「もっと成長したい」と先を見つめられるようになり、０・９９から１・０１へと変わったのです。現在、中学校では生徒会の役員として活動しているようです。

子どもたちの成長は、一直線に伸びるわけではありません。１・０１の日もあれば、０・９９のときもあるでしょう。特に１学期の頃の成長曲線はほんのわずかです。しかし、成長したいという目標をもち続けていけば、２学期も半ばを過ぎた頃から、成長曲線は一気に伸びます。日々の努力も加速し、１・０２、１・０３に加速していくのです。

スーパーAを目指すことで、全体を引き上げる

方程式⑤

２：６：２の法則

２学期のスタートは、８：２から

夏休みが終わると、子どもたちが学校に戻ってきます。４月の始業式に、子ども一人ひとりと握手を交わしながら、お互いを認め合い、自分らしさを発揮できる学級づくりを誓った熱い気持ちを思い起こし、新たな気持ちで学級の成熟期に向かっていきたいものです。

２：６：２の法則

「２：６：２」の法則という経験則があります。集団では、やる気がある２：どちらでもなく普通６：やる気がない２の割合に分かれやすいという法則です。子どもたちのやる気を引き出すため、私はこの法則について話します。学級経営では、６に属する子どもたちにやる気をもたせて２＋６で８に高め、残りの２の子どもたちを引っ張っていくことが大切だといわれています。

自分（子どもたち）が進む道

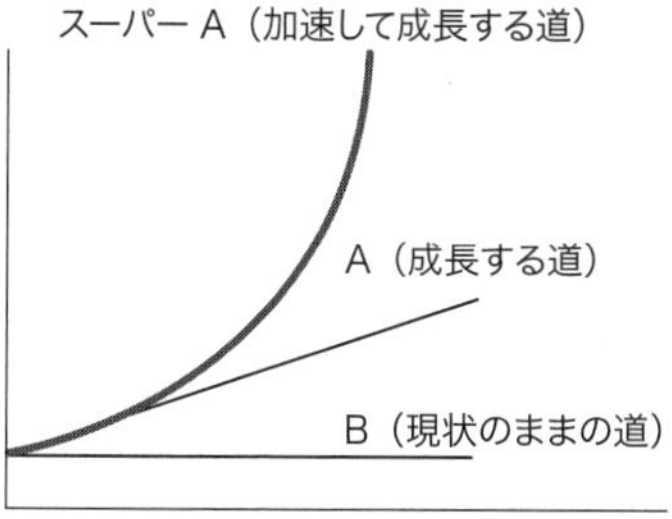

だからといって、やる気グループが８になったとき、そこで満足しては、学級の成長曲線の伸びは小さくなってしまいます。

私の学級では、現状のままでいる道Ｂと、日々の成長を目指す右上がりの直線Ａを示し、子どもたちにＡの道を意識させています。２学期はさらに、成長を加速させた曲線〝スーパーＡ〟（以下、ＳＡ）を示し、もっと上の道があることを話します（図参照）。Ａの道を目指しているやる気グループの中から、ＳＡをより意識させ、８の集団の質をさらに高めていくことが必要だと思います。

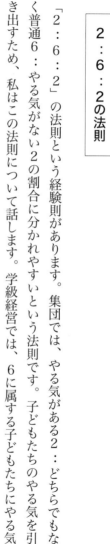

夏休みに生活リズムを崩し、緩んだまま学校に戻ってくると、ともすれば学級全体がだれてしまいがちです。こんなとき、「1学期が終わる頃、せっかく8：2になったと思っていたら、また2：6：2に逆戻り。さあ、また8にもっていくところから再スタートしなければ」と考えるかもしれません。しかし、教師こそプラスの意識でスタートしましょう。「夏休みのたるみを戻す」のではなく、「8からSAを出すぞ」という心構えひとつで、学級づくりは大きく変わってくるはずです。

スーパーAとは、自分だけでなく、みんなの成長も喜ぶことができる子

上位2のやる気グループとは、どのような状態を指すのでしょうか。

有田和正先生は、子どもの長所を「○○のプロ」と称して、ほめて伸ばすことの大切さを主張されていました。自分の得意分野を伸ばし、苦手なことにも挑戦して成長する子どもは、Aの道を進んでいるやる気グループだといえるでしょう。

それでは、SAとはどのような状態なのでしょうか？　私は、先ほどのAの道を目指す姿勢に加えて、集団の一員であることを自覚し学級全体を考えられる子、自分だけでなくみんなの成長も喜ぶことができる子だと思っています。自分も相手も認めることができる、自己肯定感

と他者理解が高い子どもがＳＡなのです。

たとえ一芸に秀でていたとしても、周りの関係を考えず、自分だけがよければそれで満足する子はＡの道を進んでいるとはいえません。むしろこうした自分本位の態度は、周りの空気を乱し、学級を停滞・崩壊させることさえあるのです。

つまり、教師は何がＳＡなのかを子どもたちに明確化することが必要なのです。ただし、すぐに効果を求めるのではなく、1年間を見通して子どもたちをＳＡの道に導いていくことが大切です。

ダンス係の子どもたちがグループ8から抜け出したとき

やる気グループ8からさらに飛び抜けてＳＡになった、昨年のダンス係の子どもたちの話をしましょう。

私の学級では、自分がやりたいことを係活動として取り組んでいます。ダンス係は、ダンススクールに通っている女子グループがつくったものですが、1学期はこれといった活動をしていませんでした。ダンス係だけでなく、他の係も似たり寄ったりで、実際は名ばかりの係がほとんどだったのです。唯一、バスケットボール部が発案したバスケ大会が開催されたのですが、個人でドリブルを競うもので、全体で楽しむまでにはなりませんでした。それでも、集団で初めて取り組もうとしたバスケ部を私は大いにほめ、後々の充実につながることを期待しました。

2学期の半ばを過ぎた頃から、係活動が活発になってきました。そんな中、12月中旬にダンス係が「学級ダンス大会」を企画・開催しました。8班対抗のトーナメント戦で、〝課題曲〟に乗って、グループダンスを競うものです。ダンス係の提案に、私は「クラス全員が楽しめる集会にすること」と一つだけ条件を出しました。ダンス係はうなずき、ダンス大会に向けて班ごとの自主練習が始まりました。

ダンス係の提案に、最初は「ダンス!?」といぶかる声も挙がりました。ダンスを楽しむためには表現の世界に入り込み、恥ずかしさを乗り越えて、いい意味で「バカになりきる」ことも必要です。ダンスの経験がない子にとっては大きな壁です。おとなしいAさんも最初はダンスの練習を遠巻きで見ていましたが、昼休みの自主練習を重ねるうちに、踊りの輪の中に入ろうとするようになりました。私はAさんの〝変遷〟を大きく取り上げ、子どもたちを奮い立たせました。そして迎えたダンス大会。クラス全体が大いに盛り上がり、ダンス係の子たちも大い

みんなで楽しむことができたダンス大会。ダンス係の成長はまさにＳＡの道を進んだ。

に満足しているようでした。

ダンス係が何よりすごかったのは、自分たちはアドバイザーに徹したことです。提案を聞いたとき、私は正直、「自分たちが得意なダンスを披露したいだけでは？」と思い、みんなで楽しめることを条件に挙げたのですが、全くの杞憂でした。彼女たちは、みんなが楽しむために自分たちはどうすればいいかを考え、アドバイザーとしてかかわることにしたのです。

このあと、係活動はますます活発になり、係活動が学級文化になりました。ダンス係の子どもたちがやる気グループの8から抜け出してＳＡになったこと、彼女たちのイベントを通して、学級みんなで活動することの楽しさを実感した他の子どもたちが次々と活動を広げていったことに、私は感動を覚えました。

「これこそが『成長』なんだ！」

2：6：2が8：2に、さらに8の中からＳＡが生まれてくる頃には、やる気のなかった下の2の子も8に近づいていくようになります。この子たちは、頑張ろうという気持ちがあっても長続きせず、「どうせ自分なんて……」とすぐにあきらめてしまいがちです。

そういう子どもに対しては、あるときはスルーし、あるときは我慢しながら、機会をうかがいます。すぐにちょっかいを出したり、乱暴な言葉遣いをしたりしたとき、「まだそんなことしているのか！」と頭ごなしに否定するのではなく、「そのパターンを変えないとね」とサインを出して、子ども自身に短所に気づかせることが大切です。教師だけでなく、他の子どもたちからのアプローチも重要です。

そして、下の2の子を8に上げる機会を意図的につくっていきます。

本書でも度々登場しているS君の話をしましょう。昨年度から引き続いて受け持っているS君は、5年生になったばかりの頃はしょっちゅう友達や教師とトラブルを起こしていました。教科書さえろくに開いたことがなかったS君ですが、2学期の中頃に学習まんがを読んだことがきっかけで、戦国時代に興味をもつようになりました。

1学期末、社会科で室町時代を学習しているとき、S君が「先生、次は安土桃山ですか？」と目を輝かせて尋ねてきました。「奈良の大仏はもっと小さくてもよかったのではないか」など、歴史の学習ではこれまで何度も話し合いをしてきました。S君にすれば、得意のジャンルで話し合いができる期待でいっぱいだったのでしょう。

「織田信長と豊臣秀吉、徳川家康の3人の武将で優れていたのは誰か」の話し合いが始まるや、S君は友達と図書室に通い詰め、昼休みにずっと調べものをしていました。自分の机の上には、図書館や家から持ってきた本が高く積まれるようになりました。

今年１学期末のＳ君。集中してメモを取る姿勢はピシッとしている。机の上には、辞書や歴史の本が高く積まれている。

昨年１学期半ば頃のＳ君。全くやる気を見せず、ノート代わりの紙もくしゃくしゃに丸めたまま、机に突っ伏している。隣の子も無関心。

話し合いが始まり、ついにS君が発表する順番がきました。徳川派についたS君は他の子たちからの質問に堂々と答えていたのですが時間切れになり、つい「ちぇっ」と舌打ちしてしまいました。すると、周りからは温かい笑いがどっと起きました。一生懸命に取り組んでいたS君の頑張りを認めた笑いに、S君も嬉しそうでした。

授業の後、「成長を信じる」という題のプリントを配り、感想を書かせました。プリントには2枚のS君の写真が並んでいます。1枚はかつてのやる気がなかったS君、もう1枚は一人で黙々と学んでいる現在のS君です。

子どもたちの感想を紹介しましょう。

●今まで私は、計算が速くなったことや通知表が上がることが成長だと思っていたけれど、S君の写真を見て、これこそが「成長」なんだと、S君に教わりました。

●S君が変わることで、みんなが変わった。一人がだらんとしていると、教室全体もだらんとしている気がするけれど、今のS君の写真は、机の上もきちんと整っていて、「りん」としています。今の写真のようになるには、「自分は変わるんだ」という強い気持ちがないと変われません。S君は好きな歴史の授業のとき、「さあ、やるぞ」という表情になります。私も見習おうと思いました。

みんなから認められたB君は、やる気グループに上がろうと日々奮闘し、周りの子どもたちもそんなS君の刺激を受けてSAを目指しています。2学期のさらなる成長が楽しみです。

先達者の〝公式〟を、自分の学級に活用する

方程式⑥

●１対多→多対１
●幸福の条件＝（お金＋健康＋地位＋……）×前向きな心
●教室の３条件　①教え合う　②競い合う　③牽制し合う

先達者から学ぶ

様々な研究会に参加したり本を読んだりして、自分の学級経営や授業づくりをより深めようとしている先生もいらっしゃることでしょう。

私も、日々の実践の中で、先達の先生方から学んだ言葉が自分の授業づくりに生きていること

とを実感します。ここでは、そんな先達者の公式を紹介したいと思います。

反抗する子には、周りの子どもたちを味方につけて対応する

1対多→多対1

学級経営の戦略の一つで、確か向山洋一先生が提唱されていました。

教師に対して反抗的な態度を取る子に対しては、学級の子どもたちを〝味方〟につけることが大切です。

問題ある行動をその場で強くたしなめても、「今やろうと思っとった」「言い方が気に食わん」と反発され、カチンときた教師がつい応酬してしまっては、子どもの〝戦法〟に乗ってしまうことになります。

教師に反抗する子どもを上から押さえつけるような〝ぶつかる指導〟をすると、子どもとの対立が深まります。接近して真正面から衝突するのではなく、担任は一歩引いた視点で〝眺める〟姿勢が大切だと、これまでの連載の中でも述べてきましたが、問題ある子個人をスルーするだけでは、根本的な解決にはなりません。

最初は反抗している子が一人だとしても、すぐに周りの数人が同調して同じような態度を取り始めます。その集団を直接注意するような強い指導を繰り返すと、「教師」対「反抗集団」の構図が生まれます。やがて周りの子どもたちも巻き込まれ、気づけば「教師」対「学級」、つまり1対多になってしまいます。こうなると、正常な学級に戻すのはかなり難しくなります。

担任はまず、他の子どもたちが反抗する子に引きずられることのないよう、クラスの子どもたちを味方につけ、多（教師＋クラスの子たち）対1（問題ある子）で臨むように仕向けます。

このとき、担任がその子の悪いところを直接指摘するのではなく、他の子どもたちもうまく巻き込むことが大切です。

1年生のお世話係だったA君は当番の朝、時間が迫っても6年1組の教室で漢字ドリルに取り組んでいました。前日の宿題をしてこなかったので、登校してからやっていたのです。私が「1年生のところに行きなさい」と声をかけても、「わかってます」と答えただけで、漢字学習を続けようとしました。

そこで私は、この問題を学級全体で取り上げることにして、次のように名前を伏せて黒板に書きました。

〈○君は、教室で漢字の宿題をしていた。先生の「一年生のところに行きなさい」の指示に、「分かってます」と答え、漢字を続けようとした〉

「○君の行為のどこが問題だと、みんなは思いますか？」と発問し、意見をノートに書かせました。

〈宿題を続ける〉

〈ウソの返事〉

〈先生の言葉を無視〉

〈口だけで実行しない〉

など、子どもたちは問題点を挙げました。私は、そもそも「わかってます」という返事は、質問に対する答えになっていないことを付け加え、自己中心的で無責任な、6年生として恥ずべき行為だということを話しました。教室という「公」の場にふさわしくないふるまいを「見える化」してみんなの前で示すことで、A君自身も理解したようです。

正しいことを示し、周りの子どもたちの〝正義の声〟を引き出すことで、周りの子どもたちを味方につけることができます。子どもたちに意思表示をさせる具体的な行為が、多対1を導くのです。

もちろん、1になった子どもを孤立させず、次に進む道を示してあげることが必要です。

「○君は、本当はやる気があって頑張ることができるはずです。素直な自分を取り戻して、○君らしさを発揮してほしい人？」

もちろん、クラス全員が手を挙げます。問題行動を取ったとき、どのように良くないのかを具体的に指摘し今後どうしていけばいいのかを、その子だけでなく全員に示すことで、本人はもちろんクラス全員の指標にもなるのです。

こうした流れを、学級活動で済ますのではなく、黒板に書いたりノートに意見をまとめたりすることで、もう一歩踏み込んだ〝小さな授業〟にしていくことが大切だと思います。

可視と不可視をバランスよく

教師に反抗的な子は、〝可視〟の世界にしか目が向いていません。髪を染めたり、不必要なほど数多くのカラーペンを持ってきたり、目先の満足を求めがちです。高学年になるほど可視への興味が強くなり、友達とのトラブルが増えてきます。可視に目が向くのは、自分の中に価値基準の〝芯〟がないためです。これは何も反抗的な子どもに限ったことではありません。

将来医師を目指しているB君は、テストの点数にばかり目が行く、典型的な受験生です。医師になりたいといっても、患者の幸せや人の命を救いたいという使命感に燃えているわけではなく、親と同じ職業を目指しているにすぎません。点数にこだわるB君は、点数が悪い子を見

問題ある行いは「見える化」して、学級全体の問題としてとらえさせる。

下すような態度を取ることがあります。

Cさんが「将来、水泳の選手になりたい」とスピーチしたとき、B君が「そんなん、お金にならんやないか」とつぶやきました。

こうした目先の〝可視〟にとらわれているとき、私は子どもたちに、次の式を示します。

幸福の条件＝（お金＋健康＋地位＋……）×前向きな心

野口芳宏先生が提唱されている幸福の条件です。（　）の中が可視の部分なら、前向きな心は不可視の部分といえるでしょう。どちらもバランスよくもつことが重要です。道徳の基本の基本として取り上げています。

かけっこが速い子や水泳が得意な子、計算が苦手な子、動作が遅い子……クラスにはいろいろな子がいます。違いを認め合い、思いやりをもつためには、共通の価値観が必要です。幸福の条件は、まさにその価値観だといえましょう。

子どもたちが目指す学級の指標に

講演後、反抗する子どもへの対応について多くの方から質問を受けます。「つい怒ってしまう」「力ずくで子どもを押さえつけてしまう」という指導ではうまくいかないことに悩んでいる先生方は少なくありません。先述の「多対1」の指導もそうですが、教師一人ではなく子どもたちがかかわることが重要です。

1学期の早い時期、私は「教室とはどんなところだと思いますか？」と子どもたちに尋ねます。いくつか意見が出た後、私は有田和正先生の「教室の3条件」を黒板に書きます。

教室の3条件
①教え合う
②競い合う
③牽制し合う

寝ている子だけを問題にするのではなく、周りの子の無関心さも取り上げることで、学級全体の成長を高める。

「教室の３条件」は、子どもたちが目指す教室の指標となる。

　①の「教え合う」は子どもたちからも意見が出ますが、②と③はほとんど出てきません。

　②は、「みんな仲良し」という偏った〝平等〟の環境で育ってきた子どもたちは思いつかないようです。

　③は、悪い行いがあれば注意し、お互いを正し合っていこうということです。ここで私は、「チクるのはいいこと」だと話しています。注意しても、相手が改めなければ、先生に言うことは正しいことだという意味です。

　教室の3条件は、成長の道を目指している子どもたちの指標となります。子どもたちもそのときは納得して頑張るのですが、そう簡単に変わるわけではありません。

　注意されても言い返したり、漢字テスト全員100点を目指しているときにあっさりあきらめたりするなど、2学期になると、教室の空気が緩んでくることがあります。そんなときには再び、教室の3条件を示します。子どもたち同士の横の関係が深まるこの時期だからこそ、より深く子どもたちの心に入っていくからです。

漢字を学習しているとき、Ｄ君が机に突っ伏していました。確かに授業を放棄しているＤ君が悪いのですが、私は「なぜ周りの子はここまで放っていたのか」と、学級全員に問いました。注意するのはもちろんですが、もしかしたら、今どこを進んでいるのかわからなくなって、いやになってしまったのかもしれません。場合によってはＤ君に教えてあげることも必要です。

先月号でお話しした、やる気がある集団２：どちらでもなく普通６：やる気がない集団２から、やる気がある８（２＋６）：やる気がない２に成長しつつあるこの時期の子どもたちに対してなら、このような理由で叱ってもぶれることはありません。むしろ、もっと高め合おうと奮起するようになります。

教室の３条件は、マイナスの行為をやめさせ、次のステップを示すうえでも、大きなキーワードになるのです。

話し合いを通して、意見を「つくり出す」楽しみを

方程式⑦

話し合い成功の基本ステップ＝個人＞ペア＞グループ＞全体

「質」より「量」から指導に入る

2学期も半ばになると、子どもたちの話し合い活動がますます活発になってきます。

「話し合い」の魅力は、自分の考えを述べ、相手の意見を聞くことで様々な価値観を知り、新たな価値を見出せることです。意見は教科書やインターネットから探してくるものではなく、

自分で「つくり出す」もの。話し合いの醍醐味はまさにそこにあります。そのためには、まず様々な場面に話し合いを取り入れ、話し合う楽しさをたっぷりと経験させてあげることが重要です。

私は、これまでの経験の中から、話し合いが成立するためには、次の３つの条件が必要であると考えています。

①学級の人間関係

②話し合いの技術

③話し合いのねらいや目的の明確化

この３つは、いわば串団子のように一セットになっています。教師は①と③を考えながら、子どもたちに②を指導していかなければ、話し合いは単なる「意見を言う場」で終わってしまいます。

つまり、学級の人間関係がしっかりしてくるこの時期にこそ、充実した話し合いができるようになるのです。

話し合い活動は、次のようなステップが必要です。

話し合い成功の基本ステップ＝個人＞ペア＞グループ＞全体

図に示すと上のようになります。話し合い活動の全てのベースになるのは個、つまり自分です。しかし、自分の考えをもち周りに発言することはそう簡単なことではありません。いつも受け身がちな子は、自ら深く考えようとしませんし、自分に自信がもてない子は「こんなことを言ったら笑われるのではないか」「まちがえたらどうしよう」と不安でいっぱいで発表どころではありません。「自分の意見を発表しましょう」と教師から指示されても、話し合いに慣れていない子どもたちにとっては、実はとてもハードルが高いのです。

話し合い成功の基本ステップ

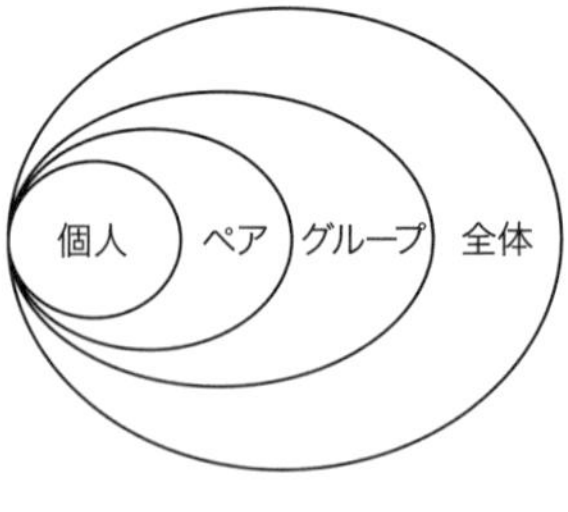

まずは質より量を重視しましょう。誰もが答えやすい小さな話し合いのパッケージをいくつも用意し、発表する経験を積ませてあげることが大切です。

例えば、賛成か反対、AかBというように選択させる質問で、自分の意見を方向づけるようにします。資料を見て気づいたことをノートに書かせるときは、「気づいたことを書きなさい」と漠然と指示するのではなく、「3分間で○個以上見つけましょう」と指示します。このように具体的な指示をすることで、気構えることなく自分の意見を示すことができるようになります。

みんなの考えを合わせれば意見が多くなる

自分の意見が決まったところで、ペアでの話し合いに進みます。ペアの組み方は、隣同士、同じ意見同士など場面に応じて指示を出します。ペアを組んだら、まず挨拶。一人が発表し、聞き手がいいところを2つ、アドバイスを1つ感想を述べます。お互いが発表したら挨拶で締めくくります。発表時間は最初は一人1分間からスタートし、慣れてきたら徐々に時間を増やしていくといいでしょう。

お互いに意見を交換しても、発表のしっぱなしでは話し合いは深まりません。相手の意見をノートに書き留めることが大切です。例えば、「気づいたことを○個以上見つける」場面では、あまり見つけられない子もいます。こうしたときは、ノートと赤鉛筆を持参し、様々な子とペアになりながら意見を交わすようにします。相手から新たな発見があれば、赤鉛筆で意見を書き足し、自分の意見として数を増やせるようにします。「人の答えを写すことは恥ずかしい」のではなく、「みんなの考えを合わせたらこんなに多くの意見が出た」と発想を転換させるのです。

賛成か反対の場面なら、相手の意見や理由を聞いて納得したら、自分の立場を変更してもかまわないことにします。計算問題の答えと同じように、話し合いでも1つの正解を求める子ど

同じ立場同士グループに分かれて、意見を戦わせる。

ペアでお互いの意見を述べ合う。相手と自分の意見をすり合わせることで、より豊かな意見になる。

もがいます。最初に表明した自分の考えを変えてはいけないという思い込みを打ち破ることが大切です。

ペアで話し合ったら、次はグループで話し合います。同じ立場同士で意見を交換し合い、精選化していきます。最後は全体で、賛成・反対の立場からお互い意見を戦わせるようにします。

このように小さなステップをいくつも組み合わせることで、初めて「全員参加」の話し合いの土台ができるようになります。

「少人数ならば話しやすいだろう」と、深く考えずにグループでの話し合いを指示する教師がいますが、それでは子どもたちに授業を丸投げしているようなものです。土台ができていなければ、たとえ４人の少人数でも一部の子のみが活発に意見を出し、他の子は単なる〝お客さん〟になってしまいます。グループごとに発表する場面でも、代表の子が発表して満足しておしまい。このような、単に発表するだけの〝カラオケ型〟の話し合いでは、何の深まりもありません。

簡単なことでも自分の意見をお互いに述べ合っていくことで、子どもたちは「自分も話し合いに参加した」と満足感を得ることができます。この満足感こそが、質の高い深い話し合いにつながっていくのです。

質を高める「納得解」を得る話し合い

最初は、たくさんの事実を発見する「量」から入った子どもたちも、慣れてくるに従って、意見の中身について意識するようになってきます。このタイミングで、私は「質」を意識させるようにします。キラッと光る意見が出てきたら、どんなところがよかったのかを価値づけて示すことで、話し合いの質を高めていくのです。

ある年の12月、より抽象的な話し合いができるようになってきたところで、「サンタさんは本当にいるのか」について、話し合いました。

いない派といる派に分かれ、それぞれが選んだ理由をノートに記入してから、同じ立場のグループに分かれて話し合い、全体で意見を出し合いました。

子どもたちからは、次のような意見が出ました。

●いない派（22人）
・そもそも誰も見たことがない
・全世界を飛び回ることは不可能
・実際に僕がもらったクリスマスプレゼントの袋の中にレシートが入っていた
●いる派（11人）
・北の国フィンランドに実際にいる
・サンタさんは、クリスマスに自宅で過ごせない子どもにプレゼントを渡している
・お父さんでもお母さんでもサンタさんだと思う気持ちが大切なのだ

現実的ないない派に比べ、いる派の意見には思いや願いが込められています。

話し合いが始まると、子どもたちは連日、本やインターネットでサンタクロースについて熱心に調べてくるようになりました。

・アメリカの飲料会社が宣伝のために作ったキャラクターだ（いない派）
・グリーンランド国際サンタクロース協会に公認サンタがいるとネットに出ていた（いる派）

こうした意見をホワイトボードに書いたりプリントアウトするなど、〝見える化〟して相手の説得を試みるようになりました。

話し合いが白熱する中で、子どもたちの心が揺さぶられてきます。「トナカイが空を飛ぶと

かプレゼントをくれるとか、そういう問題じゃない」「生きる勇気を与えてくれるのがサンタだ」と、次第に子どもたちは、サンタの存在意義について考えるようになっていきました。

みんなの意見が出尽くしたところで話し合いは終了しました。最終的に、いない派は６人になり、あとの27人はいる派でした。

「サンタさんは本当にいるのか」の話し合い。みんなの意見を聞く中で、いない派からいる派に立場を変える子が続出してきた。

いない派からいる派に変わった、ある子どもの感想です。

〈実際には、いないとまだ思っている。見たことがないからだ。でも、いる派の人たちの「生きる勇気を与える人がサンタさんなのだ」という意見で変わろうと思った。

私も小さい頃からプレゼントをもらったらうれしくて、もっと楽しくがんばろうと思っていた。サンタさんは、実際に見るということはできないけれど、私たち一人ひとりの心の中にいるのだと思った。

誰かが言った「不可視の世界」という意見にも

納得させられた。いると信じて生きていくほうが幸せだと思った。

このように考えて私はいる派に変わった。〉

こうした話し合いに、正解はありません。心ゆくまで話し合い、納得解を得た子どもたちは、ますます話し合いの活動を心待ちにするようになったのは言うまでもありません。

学級全体での〝対話〟の最大値を考える

方程式⑧

５×５…対話力（話すこと・聞くこと）が最大値になる組み合わせ

対話の最大値は５：５

2学期もいよいよ終盤に入ると、子どもたちの話し合いの活動がますます熱を帯びてきます。そこで朝の質問タイムをきっかけに、「本当のやさしさとは何か」についてみんなで話し合いました。子どもたちの言葉は、宝石の原石です。一日一日磨かれていくのを実感し、話し合いの指導にもますます力が入ります。

子どもたちが話し合っている姿を見ながら、お互いを尊重し合う対話が学級全体に染み渡っているなあと感じています。

1学期、話し合いの指導を始める時期に、私は次のことを子どもたちに問います。

「対話をするとき、話すことと聞くことが最大数になるかけ算の組み合わせは何でしょう？」

AとBの2人のうち、Aが一方的に話しているだけの対話なら、A10×B0で答えは0、Bも少しは話していたなら9×1で9。反対に、Bが一方的に話しているなら0×10で、答えは0になります。子どもたちはかけ算をしながら、5×5の組み合わせが最も数が大きくなることに気づきます。そこで、私は黒板に次のように書きます。

5×5…対話力（話すこと・聞くこと）が最大値になる組み合わせ

話し合いの指導に力を入れるようになった30代の頃から、私は話し合いに関する様々な分野の書物を読んだり、勉強会に参加するようになりました。そんな中、8年ほど前に、日本ファシリテーション協会の全国大会が福岡で開催されたとき、分科会の講師に呼んでいただきました。これがきっかけで、当時協会の九州支部長だった加留部貴行さんに、私たちの勉強サークルの講師をお願いしました。

そのときにうかがった話の中で、特に印象に残ったのが、「5×5」でした。２人で話し合うときに大切なことだとして、対話を指導する最初の段階で子どもたちに意識させるように示しました。

1対多でも、〝対話〟は成り立つ

一般論として考えた場合、1対1での対話なら、お互いが半々に聞き合う「5×5」の関係が理想です。一方、教室で集団への指導を考えたとき、「5×5」の意味づけについて、私なりに考えを進めてみました。

例えば、朝の質問タイムは、その日主人公になる一人の子どもに、全員が次々に質問をしていきます。次の質問者は、前の質問に関連づけて質問していきます。

30人の学級の場合、主人公のAさんと質問者Bさんのやりとり A：Bは、話す5：聞く5になっています。同じように次の質問者Cさんのときは、A：C＝5：5です。このとき全体を見てみると、話す（Aさん）：聞く（残りの全員）の関係は、単純に人数だけで考えれば1：29ということになります。公式に照らし合わせると、最大数の割合になりません。

一人ひとりが積極的にかかわっている。

話し手と聞き手の割合が5：5になっていると、会話が活発になる。

しかし、AさんとBさんの対話は2人だけのものではありません。他の28人もこのやりとりを真剣に聞き、次の質問につなげていきます。質問タイムは、A：B、A：C……と個々に5：5の関係になるのではなく、A：他の子どもたちという一つのまとまりとして成り立っています。人数のうえでは、1：29であっても、話す：聞くの割合は同じ比重です。そのように対話を集団でとらえたとき、人数比は1：29であっても、話す：聞くの割合は最大数の5：5になっていると言えるのではないでしょうか。残り28人が積極的にかかわり、共感し呼応していれば、1対多でも十分、最大値の対話は成り立つのです。

講演会などで「ほめ言葉のシャワー」について話をさせていただくと、必ず「どこをほめればいいのですか？」という質問を受けます。特に、問題を抱えた子どもの場合、ほめようとしても長所が見つからないというのです。そんなとき私は、非言語の部分を意識してほめることを説明します。

非言語とは、うなずきや笑顔、相手の顔を見て聞く姿勢など、文字通り話し言葉以外の全てを指します。話し合いを指導するとき、教師はともすると、発言数や話の内容、しゃべり方など言語の部分を重視する傾向にあります。発言ばかりに着目しすぎると、発言しなかった子どもの評価は低いということになります。

しかし、ここで少し考えてみてください。30人学級の場合、1人1分間発表しただけでも30分間かかります。実際の45分間の授業では、当然、発言数は限られます。このとき、周りで聞いている子どもたちに目を向けてみると、前のめりの姿勢で真剣に聞いたり、友達の発言を漏らさぬようにメモを取ったり、と積極的に参加している子どもがいることに気づくはずです。その姿を教師は大いに評価し、価値ある行為を他の子どもたちに示すべきなのです。この価値づけは、話す姿勢や聞く態度など、対話において必要な規律に気づかせる基礎にもなります。話し合いのときに発言者が10人だったとき、発言していなくても残りの20人が共感し呼応していたならば、質的には十分に5：5が成り立っているのです。

「質問タイム」で学級がつながる

「質問タイム」は、「ほめ言葉のシャワー」を浴びるその日の主人公に、朝の時間を使って、学級の子どもたちが質問を続けて行うという活動です。最初の質問項目に、次の子が関連した質問を行います。それを繰り返していくことで学級がつながり、主人公のことを深く知るのはもちろん、学級の人間関係が豊かになります。

もちろん、最初から関連づけた質問が次々と出てくるわけではありません。ですから、最初は私からテーマを与えます。「ラーメンは好きですか？」のような、全員が知っている、あるいは体験している答えやすい・尋ねやすいものから始めます。

始めたばかりの1学期の頃のやりとりの一例を紹介しましょう。

Q1　野球のどんなところが好きなのですか？
A　チームで協力して戦うところです。
Q2　試合に勝ったときはどんな気持ちですか？
A　もちろんうれしいのですが、「次もがんばろう」という気持ちになります。
Q3　野球を始めたきっかけは何ですか？
A　2年生のときにお父さんに教えてもらったことです。
Q4　隣のクラスの○○君も野球をしているのですが、ライバルだと思いますか？……

質問の内容が具体的で表面的であることがわかります。先述したように、全員が知っている、あるいは体験していて答えやすい・尋ねやすい質問が並んでいます。質問の内容は確かにつながっていますが、まだ聞き手と話し手２人の対話の域を抜けてはいません。

〝学級全員〟の対話が、思考の幅を広げる

やがて2学期から3学期にかけて、子どもたちの成長が一気に加速しだす頃になると、質問の内容がグンと変わってきます。

Q１　最近、自分を笑顔にしてくれたことは？
A　みんなです。
Q２　どんなときですか？
A　一緒に遊んでいるときです。
Q３　みんなとはクラスの友達のことですか？
A　はい。そうです。
……（中略）

Q7　自分が人を笑顔にするのと、自分が笑顔にさせられるのとどっちが好きですか？
A　……。すみません。もう一度言ってください。
Q7　（再度質問）
A　相手を笑顔にさせるときです！
Q8　○○（主人公）さん流の笑顔を見せてください。
——○○さん、にっこり笑う
Q9　笑顔になったときの色は何色ですか？
A　ピンクです。
Q10　なぜですか？
A　笑ったら明るい気持ちになれるし、自分の好きな色だからです。
Q11　あなたにとって、笑顔とは一言でいうと何ですか？
A　友達との宝物です。
Q12　生涯、笑顔をなくしたくないと自分でも思っていますか？
A　はい。思っています。……

抽象的な質問が次々と出され、私も驚きました。このように抽象的で質の高い質問が続くの

非言語をどう価値づけるか、教師の視点で対話はもっと活発になる。

は、学級全員に聞き合う関係が成立しているからです。友達の質問を一生懸命聞きながら、その意味をイメージし、主人公の答えを聞いてまたイメージする、さらに次の質問者の質問を聞いて、の連続です。イメージするというのは、話し手の意図を〝読む〟ことです。単に、お互いが同じ割合で話す・聞くを意識する対話に比べ、はるかに子どもたちの思考の幅を広げることになります。これこそが、〝学級全員〟の対話が「５：５」の最大値になっていることなのです。

本当に大切なのか、考え続けることが話し合いの授業

方程式⑨

主張の強さ＝事実（証拠）×意見（重要性、深刻性）

話し合いの本質は「意見」にある

２学期末は、国語の読み物教材「やまなし」で、子どもたちの話し合いが白熱化します。11月に入ってすぐ、「谷川の深さはどれぐらいか」で話し合いをスタートしたものの、２週間経ってもなかなか決着がつきません。いったん、熱を冷ますつもりで「5月と12月はどちらの方が

明るかったか」をテーマに、新たな話し合いを始めたのですが、またまた激論が続き、かれこれ1か月間、「やまなし」の授業は続きました。

子どもたちはその間、資料になる本を探してきたり、インターネットで調べてきたり、様々な形で教科書に書かれていることを深読みしようとしていました。さらには、作者である宮沢賢治の経歴や家族などについて詳しく調べ、作品との関連性について意見を述べる子も出てきました。

想像していた以上の子どもたちの集中力に、改めて話し合い活動を充実していきたいと強く思いました。

このように白熱した話し合いは、積み重ねがあるからこそ成り立つものです。私は、話し合いの指導の最初の段階で、次の式を子どもたちに示します。

主張の強さ＝事実（証拠）×意見（重要性、深刻性）

話し合いは、証拠となる事実を読み取り、自分の立場を明確にします。事実をもとに導き出した意見を述べ、相手を納得させるために討論します。

ディベートの場合、特に、この意見の違いを明確化させます。自分たちが有利になる事実を挙げながら、相手の意見を批判していきます。このとき、自分が導き出した立場には、どのような重要性（メリット）があるのか、そして相手の立場にはどのような問題点・深刻性（デメリット）があるかを述べることで、相手を納得させていきます。

今から10年ほど前、小学生を対象にしたディベートのイベントがありました。このとき、小学生に「重要性、深刻性」を意識させるのは難しいと考える人が多く、かなり緩やかなルールになった記憶があります。

その場で勝負をつけるイベントとしては、確かに難しいかもしれません。しかし、そのルールを教室にそのまま持ち込んでしまうと、話し合いの本質にたどり着くことができないのではないか、と強く思ったのです。

事実を前面に出し、お互いの意見を言い合うだけでは、単なる意見の並べっぱなし、水かけ論で終わってしまいます。そこには、本当の学びはありません。

子どもの思考は、私たち大人が考えているより、ずっと深いものです。

子ども本人も気づいていない深いところにある考えを、言葉に出させるためには、徹底的に話し合う経験が必要なのです。

事実をもとに導き出した自分の「意見」を交わす。話し合いが最も白熱化する時間。

教科書や資料から、いくつもの「事実」を見つける。

「意見」には、その人らしさの個性が表れる

話し合いの指導において、「事実」と「意見」はどこが違うのか。一言で言うなら、〝個性〟の有無ではないでしょうか。

「事実」は、誰でも同じような内容が出てくるものですが、「意見」は個々によって異なります。意見には、その人の価値観が表れます。家庭環境や趣味、興味・関心などが混ざり合ってその人らしさが出るように、その人らしい意見が生まれるのです。教師は、その意見を重視する必要があると思います。

子どもたちの話し合い活動が深まってくると、自然に、その子らしさが表れた「意見」が出てくるようになってきます。

「事実」を挙げてお互いに反論する中で、相反する立場の「事実」を比べ、どちらの方が重要か、相手

の立場のデメリットは何かを突いてくるようになるのです。反論された側も、自分の意見と相手を比べてさらに反論します。こうしたターンアラウンドを通して、話し合いは一層深まったものになっていきます。これこそ、共同学習の本質ではないでしょうか。

1学期、社会科で「縄文時代と弥生時代、どっちが幸せか？」について、話し合ったときのことです。

教科書や資料集をもとに、それぞれの時代の生活や文化を読み取っていきました。米を栽培し、定住するようになった弥生時代について、弥生派は「一つの国としてまとまっていった」ことをメリットに挙げました。一方、縄文派は「領地争いが起こって殺し合いが始まった」とデメリットを挙げ、真っ向から対立しました。このとき、ある子が「国としてまとまることも大切だけれど、人の命の方がもっと大切なのではないか」という意見を述べました。2つの立場の意見の重要性（メリット）と深刻性（デメリット）を比較し、より高いのはどちらかを比較したことについて、私は大いにほめました。

やがて、子どもたちは話し合いをするとき、少しずつですが重要性と深刻性を意識して、意見を考えるようになっていきました。

話し合いの授業は、みんなで認め合う学級づくりの核になる

話し合いの授業の質を高めるには、時間がかかります。そのため、国語の説明文など普段の授業の中で、自分の意見をつくることのおもしろさを実感させながら指導していくことが大切です。すると少しずつ、子どもたちは事実と意見を考えながら、読むようになっていきます。こうした基礎を踏まえ、どこに大きな話し合い活動をもってくるか、1年間を見通して考えていきます。

私は、次の条件が整ったとき、話し合いを行うようにしています。

・「納得解」のテーマであること
・根拠となる資料や情報が豊富にあること
・子どもたちが興味・関心をもちやすいテーマであること
・話題性があり、時期的に適していること（例・12月に「サンタさんは本当にいるのか」を話し合う）

1月、社会科の授業で、「情報を得るとしたら、インターネットとテレビ、どっちがよいか」についてディベートに近い話し合いを行いました。本来であれば、インターネットと新聞を比較するのですが、昨今は新聞を購読していない家庭も多いため、テレビにしました。

話し合いの題材にこの内容を選んだのは、子どもたちに重要性・深刻性をより意識させたいと考えたからです。

これまでの話し合いでは、教科書を読み取って多くの事実を見つけるところにかなり時間を要しました。話し合いのもとになる事実探しが中心だったと言えます。事実探しに慣れてきた3学期だからこそ、重要性・深刻性に力を置いた話し合いにしたいと思ったのです。子どもたちにとって身近なインターネットやテレビは、すぐに事実を探すことができるはずです。

さて、話し合いが始まりました。2：1の割合でインターネット派が優勢を占める中、それぞれのメディアのメリットを挙げ、さらに相手のデメリットを挙げながら議論を交わしました。子どもたちは、以下のような意見を挙げました。

〈メリット〉

●インターネット派

・自分で必要なものを調べられる

・コピーができる

・世界と通じる

・専門的

●テレビ派

・テレビならどこの家にもある
・調べなくてもいい
・安全性が高い
・耳の悪い人は手話で、目の悪い人は音声でわかる

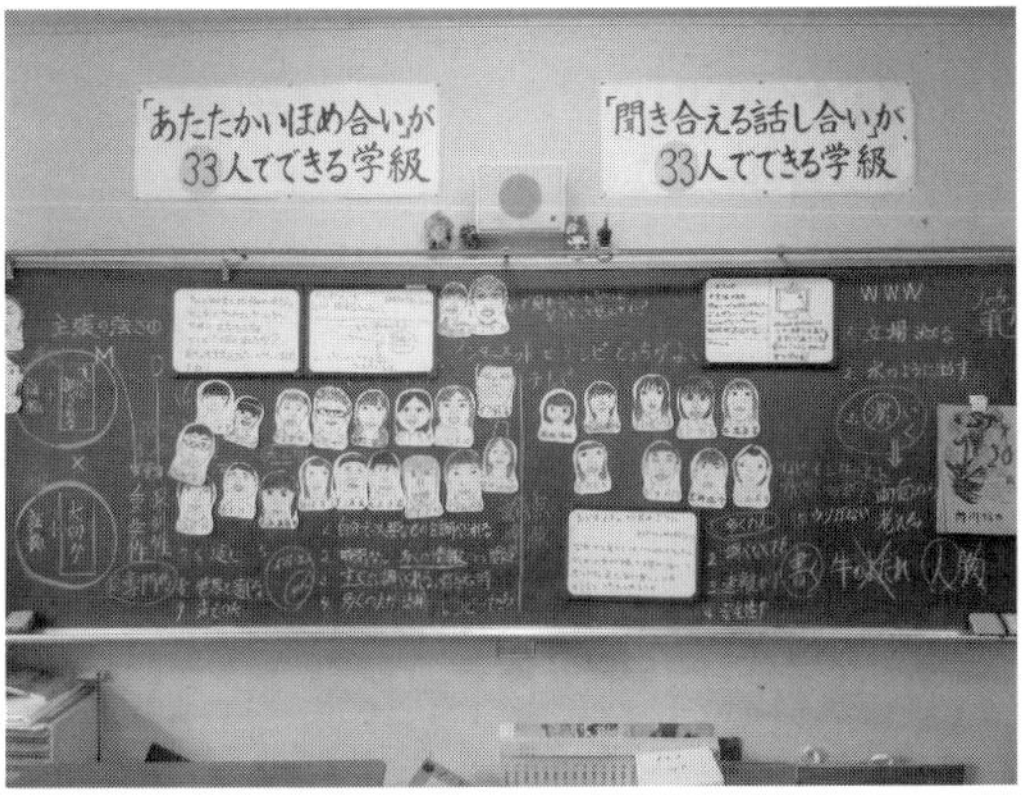

子どもたちが挙げた事実や意見を見える化して残すことで、話し合いの論点が明確になる。

お互いの意見に対し、デメリットを出し合っていきました。

●インターネット派
・テレビ番組で「詳しくはホームページで」と、ネットを頼っている
・テレビで見られなかったものは、その後どうやって見ているか（ネットを使っているのでは）

●テレビ派
・ネットにはうそが書いてあることもある
・パソコンを使えない人・持っていない人もたくさんいる
・ネットでは、関心が高いニュースしか見ない

話し合いが進む中で、「サンタさんがいるか、いないかを話し合ったとき、多くの人がネットで調べたはずだ」など、以前の話し合いを引用してくる子どもが出てきました。話し合いが活発になるほど、過去を振り返り、「あのときはこうだったよね」と、価値ある意見が繰り返し出てきます。

ディベートや話し合いの授業を通して、子どもたちは自分の意見をつくり、相手の意見と戦ったり、受け入れたりしていきます。これを繰り返しながら、やがて一つの方向性を見出していくのです。話し合い活動は、みんなで認め合う学級づくりの大きな核の一つになります。

深読みができるようになると、相手の意見に対しても、「何故そういう考えなのか」と考えるようになります。自分だけの考えで意見を断定するのではなく、相手の意見を尊重するようになります。

ある事実から意見を導き出し、何故そう思ったのか裏付けを見つける。自分の体験に照らし合わせながら、「何故?」「何故?」と考え続けることで、意見がいくつも生まれてきます。話し合いの学習は、エンドレスなのです。

一人のスーパーマンより、みんなの長所を活かした学級を

方程式⑩

無責任な積極的な子＜責任ある消極的な子↓責任ある積極的な子

学力、体力、行動、性格がアンバランスな子どもたちが目立つ

４月の学級開きのとき、「こういうクラスにしていこう」と、担任は学級全体の取り組み方を中心に計画し、実行していくことが多いのではないでしょうか。かつてはそれで問題なく学級づくりを進めることができたかもしれませんが、今は状況が変わりました。特別な支援が必

要な子や外国にルーツをもつ子、家庭に問題を抱えている子が少なくありません。学級開きのときから、子ども一人ひとりを深く見つめていかなければならないのです。

前年度まで荒れていた学年を受け持つ場合、なおのこと個人に重点を置き、深読みをしていかなければ学級を立ち直らせることは容易ではありません。

このような理由から、これまでこの連載の中では、問題ある子や学級を引っ張るＳＡ（スーパーＡ）の子どもたちへのかかわり方について、多く取り上げてきました。

今回は、その２つのグループではない子どもたちを中心に、お話ししたいと思います。図式にすると、次のようになります。

無責任な積極的な子＜責任ある消極的な子→責任ある積極的な子

学級には様々な子どもがいます。昨今、学力や体力、行動、性格（内面）などのアンバランスな子どもが目につくようになりました。図で示すと、こうした子どもたちの多くは、ＢかＣのグループに属しています。

問題を抱えた学級を立て直すとき、Ｄグループの問題がある子のフォローと、Ａのやる気がある上位グループの引き上げに指導が注がれます。そして、ＢやＣのような良い面と悪い面の

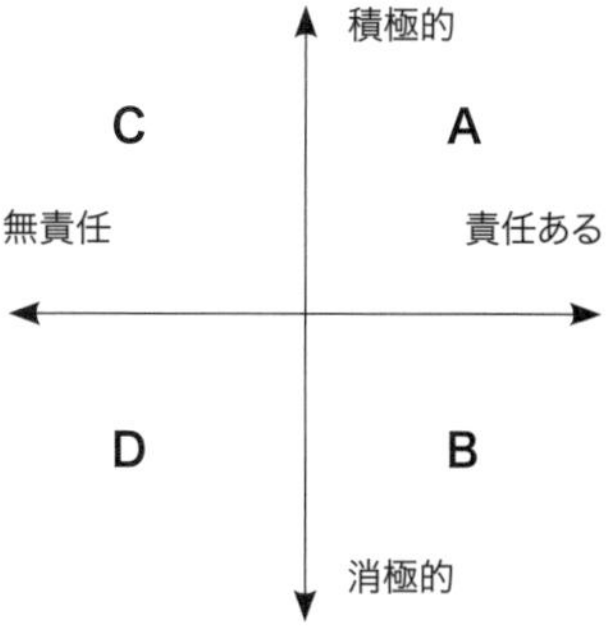

バランスがうまく取れていない子に対して、教師はついマイナス面に目が向いてしまうことが多いようです。せっかくのプラス面に気づかなければ、その子の良さは引き出せません。

積極的なプラス面を活かしながら責任感をもたせる

学級がうまくいかない場合、キーポイントになる子どもの多くは、Ｄに属しています。他の子にすぐに手を出したり、暴言を吐いたり、授業中に席から立ち歩くなど、目に見えて問題行動を起こすことが多いのです。

一方で、教師が問題に気づかないまま、むしろ重宝してきた子どももいます。何事にも活発にかかわろうとするが、いざとなると放り出してしまう子——Ｃの無責任な積極的な子です。

例えば、学級集会などのイベントで、実行委員を募集すると、真っ先に手を挙げます。勉強もスポーツもある程度こなし、友達づきあいもいい。明るくてみんなから人気があるため、学級で大きな力をもっています。

かつては、こうした子どもを学級リーダーに育てる実践が数多くありました。しかし、中にはそれが表面的で浅い子どももいます。掃除当番をさぼったり、宿題を忘れて友達にノートを

相手の目線に合わせて、ひざをついて教えるA君。まさに「実直」な姿だ。

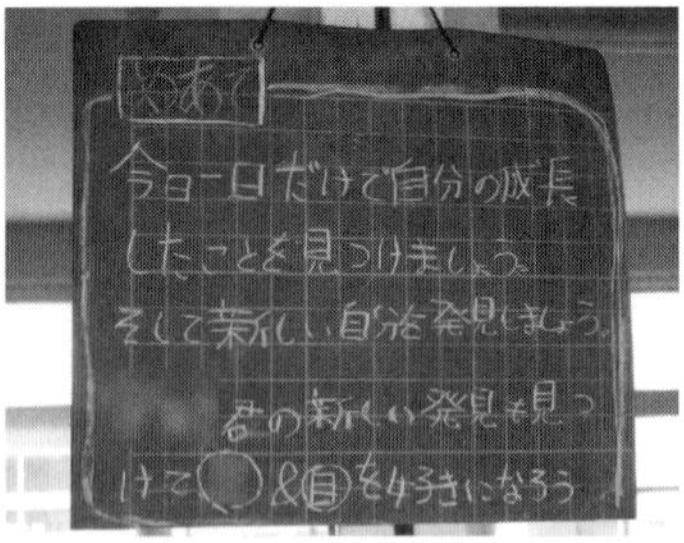

M君のほめ言葉のシャワーの日。教室入り口には、「M君の新しい発見をしよう」のミニボードがかけられていた。

写させてもらったり、イベントの実行委員になっても、途中でいやになって放り出してしまったり。自分の行動に責任をもたないのです。

M君の話をしましょう。運動が大好きなM君は、昼休みになると校庭に飛び出して、キックベースやドッジボールに汗を流しています。元気いっぱいな姿は子どもらしくていいのですが、問題はすぐにけんかになることです。ラインを踏んだ・踏まない、ボールがかすった・かすらないなど、ほんの些細なことが原因で乱闘騒ぎ。母親もわが子の短気を気にしているようです。

受け持ってすぐの頃、M君は「ドッジボール大会を計画したんですけれど……」と私に報告してきました。「みんなに話してみたの？」と、目的やルールを尋ねてみると、答えられません。自分がやりたいからやる。「みんなもきっと同じ思いのはずだ」と思い込み、何も下準備していないのですから、やりたくないと思っている子たちとけんかになるのは当たり前です。おもしろいことを仕掛け、けんかしてもすぐにケロッとしているM君は確かに人気者ですが、この先も同じようなことが続けば、徐々に友だちからの信頼を失っていくでしょう。彼の積極的なプラス面は活かしつつ、人の意見に耳を傾け、自分の行動に責任をもつようにさせることが大切です。

何かあるとすぐに興奮しているM君に、「顔が赤くなっているよ。少し落ち着きなさい」と穏やかに語りかけました。M君も怒りやすい短所を自覚しています。しかし、人はそう簡単に変われるものではありません。だから、ガミガミ言うのではなく、静かに諭していこうと考えたのです。M君の母親にもあえて「男の子らしくていいですね」とプラス面を伝えました。積極的で明るいプラス面をほめることで、M君も少しずつ一呼吸おけるようになってきました。

４チームに分かれて、４面を使ったドッジボールをしたときのことです。M君が自ら審判を引き受けました。「ラインを2回踏んだら退場」など、みんなで決めたルールに沿ってM君はしっかりと審判を務めていました。彼が上手に立ち回ったおかげで引き締まった試合になったことをほめました。M君の良さが生きた場面でした。

話し合いの授業でも、M君は思いつきで意見を言い、ピントがずれてしまうことが多かったのですが、最近は、全体をよく読み込み、他の人の意見を聞いて話せるようになってきました。周りのみんなも、そんなM君の成長を認めるようになり、最近では、ほとんどけんかもしなくなりました。

「責任ある消極的な子」を積極的に変えるタイミング

一方、自分を強く主張することはないが、与えられた役割をきちんとこなし、授業中もまじめに取り組んでいる子ども――「責任ある消極的な子」の存在を、教師は見落としてはなりません。

「責任ある消極的な子」は目立つことなく行動していることが多々あります。価値ある行動もさりげなくこなしてしまうため、教師の目に留まらないことも多いのです。普段、なかなか目に留まりにくい、こうした子どもの小さな行為を見逃さない心構えが必要です。

そして学級が熟してきたこの時期にこそ、こうした子どもたちに着目し、消極的から積極的に変えるタイミングをしっかり見極めることが大切です。

A君は、まじめで一生懸命なのですが、漢字の書き取りや音読の発表がうまくできません。4年生の頃は、担任の指示通りに、3回ずつ漢字を書き取り宿題も忘れずにしっかりやるもののうまくいかず、担任に「一生懸命やっているのに、なぜ成果が出ないのか」と尋ねたこともあったそうです。発表では力が入りすぎてしまうため、自分の思った通りにうまく発表できず、泣くことが多かったようです。

私は、Ａ君の大きな声をほめ、まじめに取り組む姿を「Ａ君のような人を実直といいます」と評価しました。子どもたちのＡ君に対するイメージを覆そうと考えたのです。辞書ですぐに調べた子どもたちは、その後、ほめ言葉のシャワーのときに、「実直」という言葉を使ってほめていました。

漢字の書き取りをまちがえたときは、プレッシャーにならないようにさりげなくチェックして直させるようにしました。今、Ａ君は自信をもち始め、自分の意見も堂々と述べるようになりました。もちろん、みんなの前で泣くようなことは、もうありません。

最後まで責任をもって片付けていたＯさんには、「一人が美しい」と価値づけて。

また、Ｏさんは良く言えばマイペース、悪く言えば社会性に欠けた行動が多く見られました。物事にていねいに取り組むのですが、とにかく時間がかかります。休み時間に周りが盛り上がっていても、我関せず、一人で読書をしています。母親も協調性のなさを心配していました。

私は、一度聞いたことはよく覚えていることや、一人でもていねいに自分がすべきことに取り組んでいることを、みんなの前でほめました。例えば、掃除のときに最後まで雑巾をきれいに片付けていたOさんを撮影し、その価値を大きく取り上げて学級全員に示しました。Oさんをほめるだけでなく、その行為を価値づけることで、他の子どもたちにも、学級の進むべき成長の道筋を示すことになるからです。

そんなOさんのことを、子どもたちはいい意味で「ミステリアスなところがある」とほめました。もう少し愛想よく融通を利かせるようになりたいと努力していたOさんは、このほめ言葉を嬉しそうに受け止めていました。今、Oさんは得意のイラストを活かし、まんがを描いてきてはみんなに回しています。

M君もA君もOさんも、周りに認められ、学級に自分のポジションを見出したときから、クラスの方向に変わっていきました。

かつて若い頃、先輩の先生は「小倉城の石垣は、大・小の石が積み重なってできている。崩れないのは、大・小どの石も重要な役割を果たしているからだ」とおっしゃっていました。

学級も同じです。子どものマイナス面を挙げだしたら、きりがありません。子どものいいところを率先してほめる姿勢が、教師には必要なのです。完璧な人間などいません。孤独な一人のスーパーマンを育てるよりも、一人ひとりの長所を活かしてみんながともに成長できる学級づくりが大切なのではないでしょうか。

話し合いの指導は、自分と相手、さらに学級みんなの視点を入れて

方程式⑪

正＋反＝ｗｉｎ－ｗｉｎ－ｗｉｎ

「合」を実感する話し合いは難しい

卒業まであと１か月。子どもたちの話し合いは、３学期に入ってますます活発になってきました。

話し合いの授業の中で、私はまず「正反合」という弁証法を子どもたちに示しています。

「正反合」とは、ドイツの哲学者ヘーゲルが考えた弁証法で、一人が述べた意見（正）に対し、相手が反対の意見（反）を語り、それぞれの立場に基づいた対話を通じて双方の意見を合わせ、新たな答えを導く（合）ことです。つまり、お互いに納得し合う解決策を見出すことで、より理解を深めるという考え方です。

話し合いの指導を始めるとき、まず「正反合」の意味を説明し、1年間を通して、ディベートや対話の授業で子どもたちに意識させるようにしています。しかし、実際の授業の中で、子どもたちが「正反合」を実感する機会はめったにありません。話し合いの基礎である「正」「反」は、子どもたちもすぐに理解し、何度か実践を重ねるうちに、意見を戦わせることができるようになってきます。しかし、2つの異なる立場の意見を合わせて新たな意見をつくり出す「合」には、なかなかたどり着きません。特に、ジャッジで勝ち負けを判定するディベートでは、「合」を意識させるのはとても難しい。また、指導する教師も、深く理解せずに「合」の意味を言葉にするだけで、指導していると錯覚している面があるのではないでしょうか。

理科の「心臓」の授業で、「左右それぞれの心房と心室の4つのうちで、血液を送り出す部屋はどれか」について考えさせる授業を行いました。子どもたちは、弁の仕組みや筋肉の厚みなど、心臓について調べ、それぞれ意見を出し合いました。全員で意見を述べ合い、正解が左心室であることを理解した子どもたちは、心臓の仕組みを一通り学んだことになります。しかし、この授業の大切なポイントは、仕組みを学ぶことだけではありません。「人間の体はよくできているなあ」と神秘さに気づき、人間の体のすばらしさを実感することです。「正反合」の視点で言うなら、「正」「反」の話し合いを通して、「人の体のすばらしさ」に気づくことが「合」に当たります。ここまで引っ張った話し合いにするためには、教師が最終的なゴール点をしっかりと意識し、話し合いの中でポイントを押さえていかなければ、たどり着くことは難しいでしょう。

ｗｉｎ－ｗｉｎからｗｉｎ－ｗｉｎ－ｗｉｎの考え方に

教師にとって難しい「合」の概念は、子どもたちにとっても実感しにくいものです。そこで私は、「合」ではなく、ｗｉｎ－ｗｉｎの考え方を子どもたちに示しています。ｗｉｎ－ｌｏｓｅ（勝ち負け）ではなく、自分も相手も納得して満足するｗｉｎ－ｗｉｎの考え方は、子どもたちにとっても、理解しやすいようです。

子どもたちは、「正反合」から「正＋反＝ｗｉｎ－ｗｉｎ」へと考えるようになったものの、やがて日々の学校生活の中では、この式よりさらに進んだ視点が必要だと思うようになりました。自分と相手、お互い対立し合う両者が納得し合う姿を、周りで聞いている、見ている子どもたちをも含めて考える必要があるのではないだろうかと。両者だけで納得してよし、とするのではなく、学級のみんなで受け止め、学級全体の成長を促すものにしていきたいと考えたとき、次のような式が生まれました。

正+反＝ｗｉｎ-ｗｉｎ-ｗｉｎ

この視点で見ていくと、話し合いだけでなく、日常の生活指導でも応用できる場面に多く出会います。

例えば、子ども同士のけんかの場面で見てみましょう。双方からけんかの原因や反省などを聞いた後、「こうすればよかったね」「この後、どうすればいいと思う？」と子どもたちに問いかける教師が多いと思います。このとき子どもたちが出した仲直りのための答えは、確かにｗｉｎ-ｗｉｎに近いといえます。しかし、教師の指導のあり方としては、どちらかと言えばけんか両成敗、その場しのぎの「引き分け」の感が否めません。消極的なｗｉｎ-ｗｉｎに終わっているような気がします。

そこで、一歩進んで３つめのｗｉｎに目を向けてみます。二人のけんかを議題に挙げ、学級全員が考えるのです。様々な視点から意見を出し合うことで、子どもたちは少しずつ、学級

Ｓ君に根気強く教えてあげるＡ君。二人の関係が、みんなで成長するＳＡの道とは何かを深く考えるきっかけになった。

話し合いを通して、様々な意見を知り、自分の考えを広げ深めていく。

みんなのことを考えられるようになっていきます。最近、話し合う体験を積んでいない子どもが少なくありません。そういう子どもたちに、すぐにwin-win-winの話し合いを求めてはいけません。１年間の見通しをもち、じっくりと取り組む姿勢が大切です。

人は一人ひとり異なります。姿形が違うように、考え方も異なるのです。人と対話をするとき、子どもたちに「そもそも相手は自分と違う」という意識をもたせることが大切です。そして、１学期のディベートや話し合いの授業では、まず「正」「反」の視点で話し合うことを意識させます。自分の意見をもち、相手の意見を聞く。その意見に対し、さらに自分の意見を主張する。こうした話し合いを積み重ねるうちに、少しずつ相手のことを考え、学級みんなのことを考えられるようになってきます。話し合いを通して、win-win-winが生まれるのです。

「本当の優しさは何か」を学級全体で考えた質問タイム

「A君は、男子にも女子にもとても優しいです。S君にもいろいろと優しくしているのはすてきと思うのですが、それは学級みんなのためになっている優しさですか？」

2学期半ば、朝の「質問タイム」で、NさんからA君に向けてこんな質問が出ました。

A君は、生活面でも学習面でも多くの問題を抱えたS君と仲がよく、ことあるごとに面倒を見てきました。S君はそんなA君を信頼し、いつもつるんでいました。二人の行為は、ときには馴れ合いになることも多く、中休みに遊びすぎて3時間目の授業に遅れたり、話し合いの授業で自分の意見を述べるときにS君は深く考えずにA君と同じ意見のグループに入ったりしていました。A君も話し合いをする中で、自分の意見が変わってもS君を気にかけて、他の意見のグループに移ることがなかなかできなかったようでした。

2学期に入ってすぐ、これまで右に上がっていくAの道を目指して努力してきた子どもたちに、私は新たな「スーパーA」（SA）の道を示していました。SAの道とは、自分だけでなく、学級全体の成長も考えて成長しようとする道を指します。個から集団を意識させるのが目的です。

Nさんの質問は、A君の行為はSAになっていないのではないかという意味でした。質問に対し、A君は自分がつい流されてしまう面があることを反省しながらも、「優しさの〝量〟がまだ足りないから、みんなのことまで考える〝質〟に行っていないと思います」と答えました。話し合いの授業の中で、「量を重ねることで質的な変化が起きる」というエンゲルスの量質転化の法則の話をしたときだったので、このように答えたのでしょう。

私は、A君の答えを大きく取り上げ、学級全体で考えさせることにしました。A君に対する次の質問を班ごとに考えさせると、「『量』を増やすためにはどんな行動をすればいいか。『質』に行った次の目標は何か」「『量』が増えるとき、具体的にどのように変わると思うか」という質問に続き、ある班からは次のような質問が出ました。

質問タイムを拡大して行った話し合い。学級全体が win-win-win を築く関係が生まれた。

「『流される』という中に、A君の優しさが入っていると思うが、流されることは、結局『偽りの優しさ』なのではないか。本当の優しさとはどんなものだろうか」

４年生の頃に荒れていたS君は、自分の殻に閉じこもり、素直に自分を出せずにいました。クラスのみんなとどうかかわればいいのかその術を知らないS君にとって、A君とのつながりは、学級とつながる細い生命線でもあったのでしょう。A君もそれがわかっていたから、S君と積極的にかかわっていました。しかし、学級のみんなから見れば、ときには好き勝手につるんでいるようにしか受け取られない、馴れ合いの〝群れ〟にすぎない行為だったのです。

Ａ君は少し考え込みながらも、しっかりと答えました。

「困っている人がいれば助けたいと思っていたけれど、学級全体のことを考えずにやってしまったのが自分の弱さだったと思います。気づかせてくれてありがとうございました」

Ａ君だけでなく、Ｓ君も学級全体も「本当の優しさ」について考えるきっかけになりました。

その後、Ａ君のＳ君に対する態度が少しずつ変わってきました。話し合いをする中で、自分の意見が変わったときもＳ君を気にすることなく、さっと違うグループに移るようになりました。バレーボールの練習をためらっているＳ君と一緒にさぼるのではなく、チームに引っ張っていくようになりました。チームの子どもたちも、練習に加わったＳ君に積極的にかかわってサポートしていました。Ｓ君も少しずつ自立できるようになっていったのです。質問タイムを通して、二人と学級みんなの関係が変わっていきました。

Ａ君とＳ君がｗｉｎ-ｗｉｎになっただけでなく、学級全体が成長につながるｗｉｎ-ｗｉｎの関係になったことを改めて実感しました。

《第2章》

成長しつづける人間を育てる方程式

教師は1年間、「絶対に子どもは成長する」という強い信念と覚悟をもつことが大切である。4月にばらばらだった個は、一人ひとりが成長することで〝群れ〟から〝集団〟となり、3月、再び個に戻っていく。そして、子どもたちはその後も成長しつづけていく。この章では、〝人〟を育てる視点を紹介する。

進むべき成長の方向性を示す選択肢

方程式⑫

AとBの2つの道

新年度は、1年後の子どもたちの成長を思い描きながら、新しい子どもたちとの出会いを楽しみにしたいものです。

この章では、「数字」をキーワードにした学級づくりの法則を示していきたいと思っています。

過去をリセットし、自ら進むべき道を選ぶ

これまで何度か触れてきましたが、ここ数年、〝マイナス〟からスタートする学級を受け持つことが多くなりました。前年度まで荒れた学級で1年間を過ごしてきた子どもたちは、新しい学級になったからといって、そう簡単に心機一転できるわけではありません。担任に対しても、「今度の先生は大丈夫なのだろうか」と不信感を抱いている子が少なくないのです。

そんな子どもたちに、「教室は自分もみんなも成長できる安心な場」と希望をもたせたい。そんな思いから、まず子どもたちに今までの不安や不満をリセットして新しい学級で歩んでいくことを示します。

6年生を受け持ったある年の初日の取り組みです。

始業式の後、教室に入る前に体育館に子どもたちをそのまま待機させ、次のように話しました。

「掃除時間に何も持たないでぶらぶらしたり、授業が始まっても廊下や階段で騒いだり、君たちの中に、今までよくないことを平気でしていた人がいるでしょう。6年生の教室では、そのようなことは許しません。そのようなことをする人は、教室に入る資格はありません。今までのよくない自分をリセットして、もてる力を発揮して、全力で勉強や様々な活動を頑張る、と

いう人だけが教室に行きます。リセットして、6年生としてこれから頑張る、という人だけ立ちなさい」

教室に入る前に、まず担任が新しい学級に対する姿勢を示すのです。全員が立ち上がったところで、教室に入ります。この時点で、子どもたちは過去をリセットし、成長への道を進むことに同意したことになります。

教室に入ってからは、「あなたたちに会うことを楽しみにしていた」ことを心を込めて話します。始業式から今までの活動の中で気づいたいいところを、次のように具体的にほめます。

「S君は始業式で先生の名前が呼ばれたとき、先生の方にきちんと顔を向けていました。やる気がみなぎっていますね」

5年生まで様々な問題を抱えていたS君の〝一瞬の〟いい動作を見つけてほめたことで、S君はもちろん、子どもたちみんなも「えっ⁉」という表情になりました。「新しい担任は、いつも叱られているS君に対しても、いいところを見つけてほめる」という事実を示し、子どもたちに期待を抱かせるのです。「問題を抱えた子はいいところが見つからない」と感じるかもしれませんが、表情や仕草、姿勢など、〝非言語〟の部分を意識すれば、見つかるものです。

教室に入ったら、次の「5つの約束」を示します。

①リセットし、過去のことはお互いに言わない。今までのいやなことやトラブルは引きずら

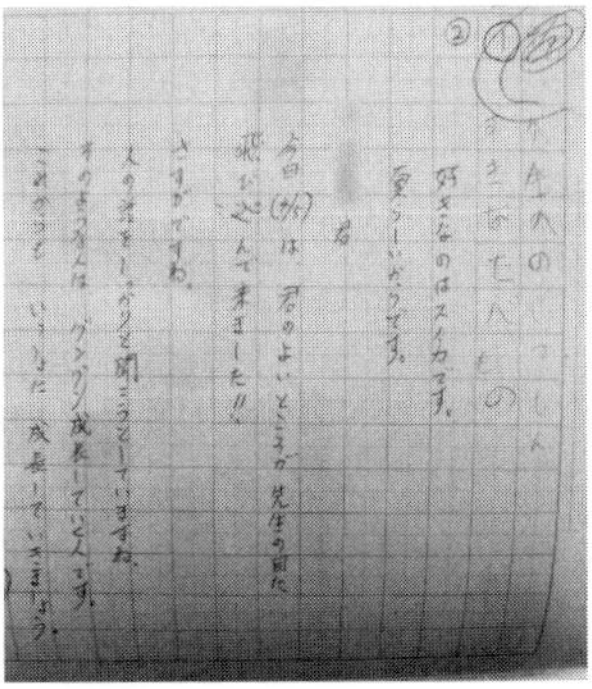

成功体験の少ない子どもにとって、新たな環境はとても不安。安心できる言葉がけを個別に行うことも大切だ。

自分（子どもたち）が進む道

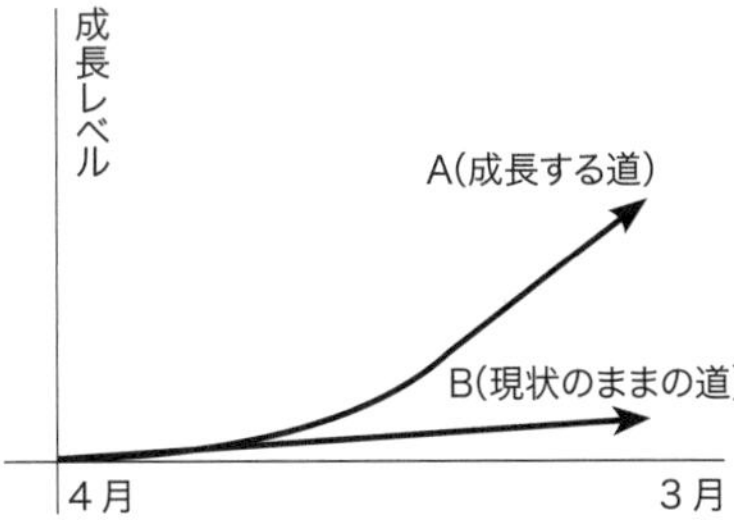

成長するか、今のままでいるかを問う、2つの道。

ない。

②1年間成長しつづけるAの道に、みんなで進む決意をする。

③いじめは許さない。いじめかどうかの判断は先生がする。

④当たり前のことを当たり前にする。小さなこと、細部にもこだわる。

⑤命を大切にする。時間も命。自分の命も人の命も大切にする。

そして、②の「AとBの2つの道」を黒板に描きます。

「この2本の線は、これからあなたたちが進む道です。Aは自分を高めて成長させていく道、Bは今のままでいる道です。みんなはどの道に進みたいですか」

ほぼ全員がAの道に挙手します。挙手することで、担任と学級全員に向けた決意表明になるのです。

中には、Aの道にすぐに挙手できない子もいます。他人の目を気にして素直になれずに意地を張ったり、自信がないため見通しがもてなかったりと、様々な思いを引きずっている子たちです。そんなとき、私は、「今、○さんはBに挙げたけれど、○年○組の仲間としてそれでいいと思う人は手を挙げてください」と他のみんなに尋ねます。もちろん、誰も手を挙げません。

「○さん、みんなも一緒にAの道に進みたいって言っているけれどどう？」

再び尋ねると、照れくさそうにAの道に挙手し直します。みんなの前で、教師がAの道を強要してもますます意固地になってしまいます。他の子どもたちを教師の〝味方〟につけることがポイントです。

それでも頑なに拒んだら——。この時点で深追いはしません。いずれ、この子も頑張ろうと思う日がくるだろうと長いスパンで眺めることが大切です。

選択肢で、受け身から前向きな姿勢に

「AとBの2つの道」を子どもたちに選択させる取り組みを始めたのは、今から10年ほど前になります。

子どもたちに、「○○についてどう思うか」などと尋ねても答えられない子が続出し、答え

られるまで何人もに質問を繰り返したことがあります。このような問いかけは、むしろ教室にマイナスのイメージをもたらします。質問力についていろいろ調べたところ、「アとイ、どちらか」という選択肢を示した質問のメリットに気づきました。その方が子どもは答えやすく、「自分で選んだ」と意思を示したことになります。そして、選択肢は両極端である方がより効果的です。

例えば運動会などの行事の際、教師が「全力を出して頑張ろう」と一方的に言うだけでは、押しつけがましく感じる子どもも少なくありません。一方、「運動会で、全力を出して頑張る人と、練習をさぼりいなくてもよかったと言われる人、どっちを目指しますか？」と尋ねれば、子どもたちは自然に前者を選びます。選んだ時点で、受け身ではなくなるのです。

選択肢の質問は、アかイのどちらかを選ばせるわけですから、主体は教師にあります。中には、「教師がコントロールすることになるのでは？」と否定的にとられる方がいらっしゃるかもしれませんが、視点を変えてみましょう。「AとBの2つの道」のどちらに進むかは、「子どもたちをAの道に進ませるぞ」という教師自身の覚悟でもあります。1年間を見通して子どもを成長させる責任をもつことでもあるのです。

学級に温かい競い合いが生まれる

子どもたちはＡの道を選んだものの、具体的にどうすればいいのか、その術を知りません。荒れていた学級にいた子どもたちは、成功体験が極端に少ないのですから仕方ありません。家庭であまりほめられた経験がない子もいるのです。

そこで、私は前述のように、子どもたちの表情や姿勢など、〝非言語〟の部分をクローズアップし、子どもたちに例示していきます。いいところを見つけたら撮影し、価値づけして教室に貼り出すのです。

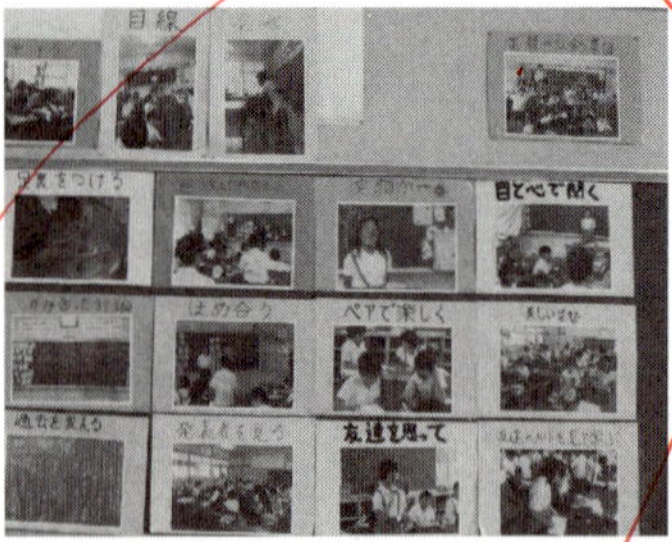

Ａの道を具体的に示すことが大切。子どもたちのいいところを撮影し、価値づけして教室に貼り出していく。

また、昨年度受け持った子どもたちの写真を見せて、「Ａの道」の具体的な姿を見せることもあります。ハイタッチで元気に挨拶したり笑顔でゲームを楽しんだり、ていねいに自分の名前をノートに書き込んだり、隣の子に寄り添って漢字を教えてあげたり……。頭の中に、Ａの道がイメージできるようにするのはとても大切なことです。

マイナスの行為もプラスに転化していくことが重要です。ポケットに手を突っ込んでいる子を頭ごなしに叱るのではなく、「こういう行為は、○年生としてどうだろうか?」と語りかけます。手を出して姿勢を正したところで、「○年生にふさわしくなろうとしているんだね」とほめてあげるのです。

プラスへの転化は、その子に対してだけでなく、学級全員に広げていく絶好のチャンスです。例えば、6年生が1年生を迎える会の準備をしていたときのことです。さぼったりふざけたりしてきちんと準備をしていない子に対して、周りから不満が出たとき、本人に「今の行為はAの道かBか」と尋ねるだけでなく、周りにも次のように問いかけます。

「さぼっている人がいたとき、不満を言う人と、さぼっている人の分も2倍働くいいチャンスだととらえる人。どちらの方がAの道だと思いますか?」

このように、Aの道が見えてくるようになると、子どもたちは自分の頑張りだけでなく、他の子の頑張りにも気づいてくるようになります。教師はこうした行為を大きく取り上げ、頑張っていた子とそれに気づいた子の両方を大いにほめます。すると「自分も○さんみたいに頑張ろう」と、徐々に学級に温かい競い合いが生まれてきます。

子どもたちとの新しい1年間を左右する学級経営の指針を示す「黄金の3日間」という言葉があります。教師の話を素直に聞く最初のうちに担任の願いや学級目標をしっかり伝え、学級の約束事やルールを徹底させることが大切だと、細かい指導を記した本も数多く発表されています。

その記述を鵜呑みにして、「こういうときはこうしなさい」と一方的に引っ張っていこうとすると、子どもたちとの間に小さな亀裂が生じることになります。「みんな同じ」の視点で、一人ひとりの子どもに向き合おうとしていないからです。

昔に比べ、いろいろな背景をもった子どもたちが多くなりました。ガチガチの指導では、行き届かないのが現状です。

子どもたちはAの道に進もうと一斉にスタートしたものの、個々のスピードは異なります。真ん中をまっすぐ行く子もいれば、端っこをふらふらしながら進む子もいるでしょう。それでいいのです。まずは一人ひとりの違いを認め、良さを引き出すことから始めましょう。

生活面・学習面の２つの視点で、子どもと一緒につくる

方程式⑬

２つの学級目標と学期目標

形骸化している学級目標

新年度が始まって少し経つと、どの教室にも「学級目標」が大きく貼り出されるようになります。「明るく元気に」「みんな仲良く」など希望に満ちた言葉であふれていますが、１か月も経てば子どもはもちろん、担任でさえ意識しなくなり、単なる掲示物になってしまうことが多

いようです。学級目標は、新年度の〝儀式〟として形骸化し、貼っておしまい、達成しようという意識すらもたない教師も少なくないのではないでしょうか。そもそも、「明るく元気に」「みんな仲良く」といった抽象的な目標は、どの程度達成したのか評価のしようもありません。

ビジネスの世界では、増収増益に向けて具体的な短期、中期、長期の目標を掲げることは当たり前です。これを学級に置き換えるなら、短期目標は今やるべきこと、中期目標は各学期目標、そして長期目標は学級目標に当たります。ビジネスの世界と同じように、学級経営においても1年間の戦略を考え、その達成のために学級目標を立てるという視点が必要ではないでしょうか。

1か月かけて学級像をつかむ

学級目標は、教師自身が学級経営で大切にしていることを核にし、新しい学級の子どもたちの現状と照らし合わせながら決めていくことが大切です。

教師が一人ひとりの子どもとつながることで、目指す学級像は見えてきます。ですから、学級目標の設定には1か月間はかかります。

特にここ10年ほど、様々な問題を抱えた子どもが増えたように感じています。そのため、今まで以上に担任が一人ひとりの子としっかりつながることに時間がかかるようになりました。6月になってようやく学級目標が決まった年度もあります。

学級目標は、担任と子どもたちが一緒につくる姿勢が大切です。教師の思いだけでつくった目標は、子どもたちにとっては絵に描いた餅のようなものです。トラブルを起こした子に、「学級目標に掲げているように、もっと○○しましょう」と問いかけても、「そんなのわかんない」「おれ、関係ないもん」とスルーされてしまいます。

一方、担任と子どもたちが一緒に考えた学級目標は、〝全員の合意〟のもとでつくられることになります。「A君もあのときうなずいていたね。みんなもA君が賛成するのを見ていました」と説くことができるのです。そのためにも、学級目標の意義を子どもたちに十分理解させ、教師が目指すクラス像に子どもたちを、いわば〝誘導〟していくことが必要になります。

教師と子どもが一緒につくるといっても、いきなり1年間の目標を立てられるわけではありません。特に、前年度まで荒れたクラスにいた子どもたちは、毎日が精一杯で、1年間という長いスパンで見通しながら活動した経験がありません。ですから、実際は教師の思い6割、子どもたちの思い4割ぐらいの割合で目標を考えていくことになります。

私が目指す学級は、前にもお話ししたA（成長）の道を歩き続ける学級です。一人ひとりが努力し、みんなと協力し合いながら、ともに成長しつづけるということです。4月に教師の思いを子どもたちに伝えることで、子どもたちをいい方向に〝感化〟し、自らの思いとして出させるようにします。その思いを核にしながら、子どもたちと一緒に、新しい学級の弱いところや伸ばすべきところを見つけていきます。

子ども自身から言葉を引き出す

それでは、具体的にどのように学級目標を立てていくのか、お話ししましょう。

毎年、始業式から1週間経った頃、私は子どもたちに「言葉に関するアンケート」を取ります。質問は「○年○組にあふれさせたい言葉」「○年○組からなくしたい言葉」「1年後に言われたい言葉」「1年後に言われたくない言葉」の4項目です。おおよそ次のような答えが返ってきます。

●○年○組にあふれさせたい言葉
ありがとう、ごめんなさい、おはよう、いっしょに〜しよう、いいよ、がんばったね、やさしいね、大丈夫、気がきくね、どうぞ
●○年○組からなくしたい言葉
死ね、ばか、消えろ、うざい、知らん、ふざけんな、関係ない、どっか行け、むかつく

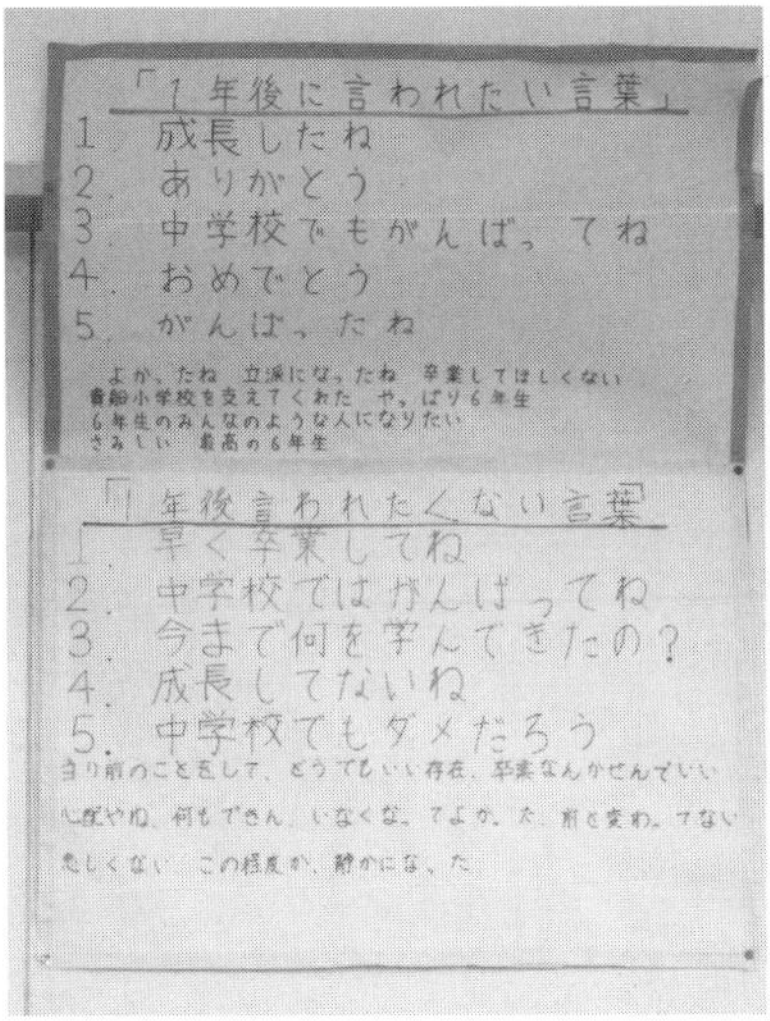

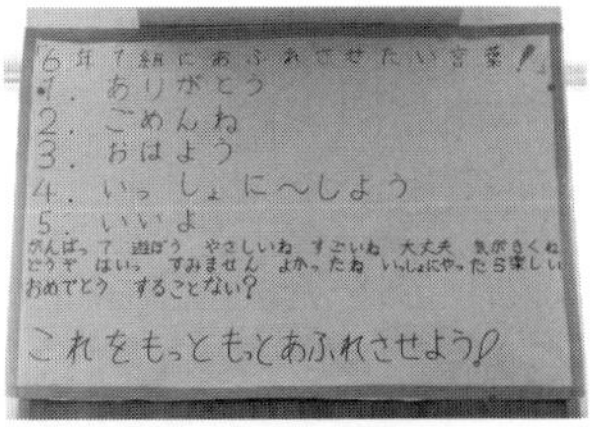

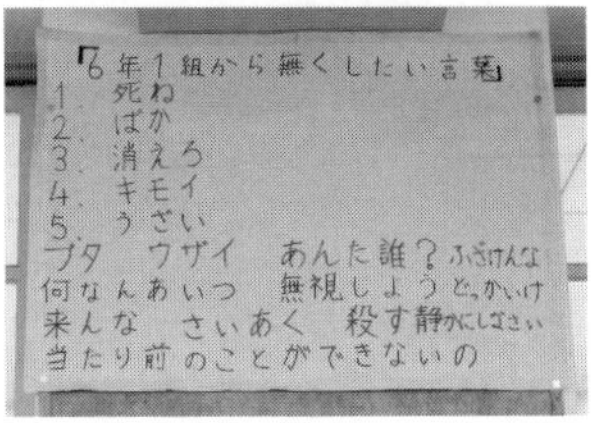

子どもたちが自ら考えた「言葉に関するアンケート」。大きく書き出して1年間、教室に貼り出す。

●1年後に言われたい言葉

成長したね、ありがとう、がんばったね、さすがだね、立派になったね、最高の○年生

●1年後に言われたくない言葉

成長してないね、1年間何していたの、恥さらし、下級生みたい、最低の○年生

アンケートの結果を模造紙にまとめて、教室の壁に貼り出します。いつでも子どもたちの目に留まるようにするためです。そして、これらの言葉は、これから目指す1年間の指針となります。

「あふれさせたい言葉」「なくしたい言葉」は、明日から意識したい短期目標や中期目標の、「1年後に言われたい言葉」「1年後に言われたくない言葉」は、長期目標の土台になります。1年後、こういう言葉を「言われたい」「言

われたくない」ようにするためには何を目指すべきか、少し具体的にイメージできるようになってきます。

そして、進むべきAの道が徐々に見えてきた4月末あたりに、学級目標を立てるためのアンケートを取ります。

「○○の△人の学級」

――「全員が目指す」という意味を込め、〝△人〟と学級の人数を必ず入れます。そして、○○の部分に当てはまる言葉を、生活面・学習面の2つの視点で1つずつ考えさせます。子どもたちからは、本質を突いた言葉が出てきます。アンケートの結果に基づき、みんなで各1つに絞っていきます。

これまでの学級目標をいくつか挙げてみましょう。

●「成長しているね」「ありがとう」と言われる33人の学級（生活面）、「あたたかい話し合い」を大切にし合う33人の学級（学習面）

●「あたたかいほめ合い」が33人でできる学級（生活面）、「聞き合える話し合い」が33人でできる学級（学習面）

●「ありがとう」と言われる32人の学級（生活面）、傾聴力を鍛え合う32人の学級（学習面）

1か月間かけて自分たちで決めた学級目標は、問題が起きたときや行き詰まったときの大切なよりどころになります。

学期目標は、教師主導で

学級目標が決まったら、続いて学期目標を考えていきます。学級目標と照らし合わせながら、今の学期では何をするべきか、やはり生活面・学習面の２つの視点で行動目標を立てるのです。「ありがとう」と言われるために、「こうしよう」「これはやめよう」という具体的な行為を設定していくのですが、子どもたちが考えるのはかなり難しいと思います。学期目標は、教師主導で進めていく方がいいでしょう。

ある年度の1学期の目標です。

●生活面
①挨拶を自分からする。
②「えー」ではなく、「よーし」で行動する。
③「あふれさせたい言葉」を使う。

●学習面
①パッと反応する。

写真を活用し、学期目標を「見える化」して掲示することもある。

学級目標は、常に目に入る場所に貼っておく。

②書いたら発表する。
③「出す声」を鍛える。

このとき、学期目標を言葉で示すだけでなく、具体的な姿を見せると、子どもたちもより理解しやすくなります。日々の学級活動の中で学期目標にふさわしい姿を見かけたときは写真に撮り、目標に当たる行為をタイトルにつけて教室の後ろに掲示するのもいいでしょう。

学級目標や学期目標は、黒板の上に貼り出し、常に子どもたちの目に入るようにします。

学級目標を、振り返りの基準に

学級の土台になる学級目標や学期目標は、自分たちの行動を振り返る際によりどころとなります。学期ごとに振り返るだけでなく、日常的に子どもたちに意識させることが大切です。子ども自身に達成度を問うことも必要でしょう。

私の場合、「成長ノート」を活用します。「成長ノート」は、学級の中で根づかせたい〝価値ある行為〟を一人ひとりの心に深く染み込ませ、その行為を学級全体の価値として広げていきたいときに活用しているものです。私が示したテーマに沿って、子どもたちが感想や意見をノートに記していきます。運動会などの行事や話し合いの学習が終わったときに、学期目標や学級目標と照らし合わせながら省みさせるのです。

このように、日頃から学級目標を示すことで、子どもたちは〝私たちの学級が目指す道〟が見えるようになります。

学級目標は単なるスローガンではありません。一つとして同じ学級が存在しないように、同じ学級目標はないはずです。それほど大きな意味をもっているのです。

子ども側に立った「学ぶ」視点で、めあてを考える

方程式⑭

5つの授業の「めあて」

「おもて」のめあてだけでは授業は成り立たない

本時の授業では、子どもたちにどのような力を育てたいかを明確化した「めあて」があります。この「めあて」を考えるとき、私は①表（おもて）、②学級経営的、③学習規律、④学び方、⑤横軸づくりの5つの視点が必要だと考えています。①の表のめあてを考えるとき、残り4つ

の視点を入れながら授業をつくっていくことが大切になるのです。

それぞれについて説明していきましょう。

1つめの「表」（以下、おもて）は、本時の授業の目標を達成させるための学習課題を子どもたちに提示することです。「○○が△△できる」「○○を解決する方法を見出すことができる」など、通常先生方が行っている授業の初めに子どもたちに示す、「今日のめあて」のことです。

しかし昨今、おもての「めあて」を示すだけでは、授業が成立しにくいことが多くなりました。

例えば、特別な支援が必要であったり、外国をルーツにもっていたり、家庭に複雑な問題を抱えていたりと、学習以前に様々な困難を抱えた子が多くなったからです。そういう子どもたちをひとくくりにして、「○○できるように学習しましょう」「○○できるよう練習しましょう」と指導しても、学ぶ環境が整っていないため、効果的ではありません。

こうした子どもたちが存在する昨今の学級では、おもて向きの指導だけでは行き届きません。

そこで、「○○が△△できる」「○○を解決する方法を見出すことができる」というおもてのめあてを達成するためには、残りの4つの視点を意識して授業をすることが必要になるのです。

「おもて」を支える4つの視点

それでは、①おもてを支える4つの視点についてお話ししましょう。

まずは、②学級経営的、な視点です。これは、担任が考えている学級経営の柱を取り入れるということです。

私の場合、コミュニケーション力の育成を重視した学級経営を行ってきました。

様々な困難を抱えた子は、自分の考えを言葉や文章でうまく表現できず、歯がゆい思いをしています。中には、うまく表現できないことを教師に叱られた子もいるでしょう。こうした失敗経験が多ければ多いほど、周りとのコミュニケーションに大きな不安や不信感を抱いているのです。ですから、まず担任は子どもたちに次のような姿勢で臨むことが大切です。

●失敗感を与えない

●どんな発言も否定することなく、プラスに取り上げる

●次につながるように、その発言を価値づけ、意味づけをしてあげる

これはもちろん、困難を抱えた子どもたちだけでなく、学級全員が対象です。

「自分の意見が認められた」「自分も表現しても大丈夫なんだ」という安心感を得ることで、子どもたちは少しずつ自信をもつようになります。自分を表現しようという気持ちが芽生え、

学習内容についても、自分なりに考えるようになり、〝お客さん〟から参加者になっていきます。

こうしたことの繰り返しの中で、自分の考えを述べ、相手の意見を肯定的に受け止めようとし、少しずつコミュニケーション力が高まっていきます。

このように、めあてを考えるとき、学級経営と常に一体で見ていく必要があるのです。

次は、③学習規律についてです。

困難を抱えた子どもたちの多くは、学習規律が身についていません。例えば、話し合いの授業を行うとき、ルールが守れなかったり、本題から大きくはずれてしまったり、と本来の話し合いにならないことが多々あります。せっかく活発な話し合いを授業のめあてにしても、それ以前でつまずいてしまうのです。

そこで、話し合いの指導では、学習規律を強く意識することが必要になります。

例えば、二人で話すとき、次のルールを徹底させます。

●向かい合って、挨拶をする。

●相手の目を見て話す。

●自分だけが話すのではなく、相手の話もしっかりと聞く。

●時間になったら、握手をして終わる。

ルールを徹底させると同時に、必ず相手の意見のいいところを見つけてほめるようにさせるのがポイントです。教科書を読んで気づいたことや友達の作文から考えたことなど、機会があれば隣同士で意見を発表させるようにします。これを繰り返すことで話し合うときの学習規律が身につき、学級全体で行う大きな話し合いの授業でも、活発な意見を交わすことができるようになっていきます。

④の学び方については、単に、知識を教えるだけでなく、「メタ認知力」を鍛える学び方を教えることが大切だと考えています。「メタ認知力」とは、一歩上から客観的に自分自身を見つめられる力、つまり、冷静に自分を見つめどうすべきかを考える、問題解決能力を指します。

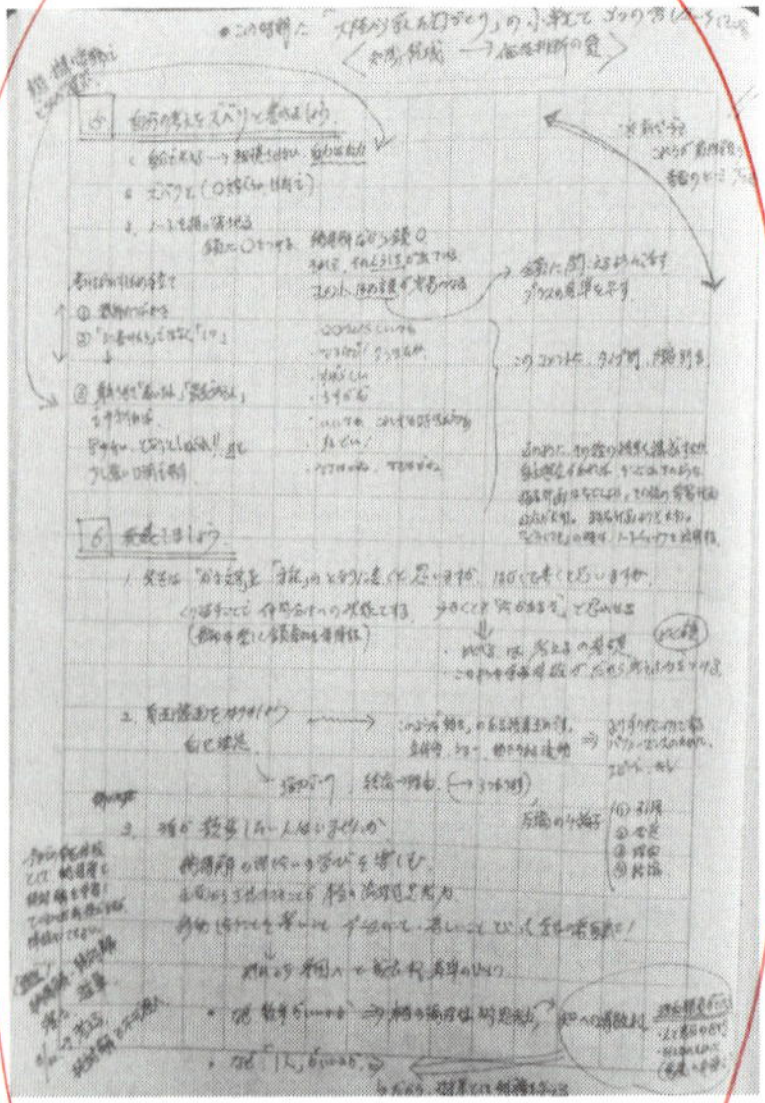

5つの「めあて」を意識しながら授業を行うことが大切。自分の出した指示や子どもたちの発言などをノートに記録し、指導を振り返る資料にする。

例えば、話し合いをすると、子どもたちからは様々な考えが出てきます。話し合いが過熱して、冷静でいられなくなる場面も少なくありません。一方的に自分の意見を押し通そうとしたり、力ずくで相手を論破しようとしたりすることもあります。そんなとき、教師は子どもたちの意見をわかりやすく言い換えたり、「もし○○さんの立場だったらどうだろう?」と別の視点から見ることに気づかせたりしながら、子どもたちの話し合いをつなげていきます。そして、「話し合いは、人と意見を区別することが大切」だと教えます。

こうした学びは、話し合いの授業やある単元だけに留まらず、子ども自身の学びそのものを育てるはずです。子どもたちの学ぶ意欲に応える授業を教師は示すべきであると思うのです。

そして、最後の⑤横軸づくりです。

1時間の授業の中で、子ども同士がかかわる場面を意識して取り入れることが重要です。ペアやグループ、全体でかかわる活動を取り入れることで、子ども同士の関係性を高めていくよう常に意識します。

どの意見も否定せず、意味づけ・価値づけをして子どもたちにつなぐことを教師が繰り返すうちに、子どもたち同士の学び合いも変わっていきます。自分の意見と同じように他の意見も大事にするようになっていきます。お互いに信頼関係が生まれるからこそ、人と意見を区別し、本気で意見を交わすことができるようになるのです。

授業で子どもをどう育てたいのか、意識する

6年生の1学期に行った社会科の授業の話をしましょう。

平安時代の貴族の暮らしや日本の文化について理解を深めさせるため、紫式部と源氏物語について調べさせ、「なぜ、紫式部は源氏物語が書けたのか」というテーマで、話し合いの活動を取り入れることにしました。

まず、4〜5人の班になり、紫式部と源氏物語の資料を見て気づいたことを、たくさん見つけさせました。

4つの視点を加えた5つの「めあて」で明確化し、子どもたちの積極的な学び合いを促す。

子どもたちからは、次のような発見がありました。

●平安時代に書かれたもの
●かな文字が使われている
●貴族の生活が書かれている
●54巻の長編小説
●世界的にも高い評価を受けている

次々と意見を出し合う中、Tさんが十二単の絵を見て、「重たそう……」とつぶやきました。6年生から受け持つことに

なったTさんは、5年生の頃まで授業をすぐに投げ出したり、友達とすぐにトラブルになったりと、よく問題を起こしていました。

このクラスは半分が持ち上がりですが、Tさんはこの年度から受け持ったばかりです。彼女とつるんでいた何人かは、私が受け持って2年目を迎えていたため、落ち着いて学習することが身につき、自分の意見も積極的に言えるようになっていました。そのためか、少し焦っているようにも見えました。

どちらかと言えば学級から浮いてしまいがちなTさんのつぶやきを、私は大きく取り上げ、子どもたちに尋ねました。

「今、Tさんが着物を見て『重たそう』だと言いました。この発見はありですか？」

みんなの「ありです」という声を聞きながら、「そうですね。書かれていることだけでなく、絵を見て感じたことや受けるイメージでもいいですね。Tさんに拍手！」

ほめられたTさんは驚きながらも、嬉しそうにみんなの拍手を受けていました。

この授業のおもてのめあては、「紫式部と源氏物語から当時の貴族の生活や日本の文化について自分の考えを深めよう」です。しかし、次の視点で授業をしていこうと考えていました。

●Tさんのような気になる子が授業に積極的に参加できるようにする（学級経営的）

●〇分間でたくさん出す、ペアやグループで活発に話し合う、など（学習規律）

●様々な視点で意見が出る納得解の話し合いをする（学び方）
●他の人の意見を聞き、認め合い、答えを導き出す（横軸づくり）

おもてのめあてだけでは、単に「教える」だけで終わってしまいます。授業を通して、子どもたちをどのように育てたいのか、しっかりと見据える視点が必要です。

おもてのめあてが、教師側の「教える」意識だとすれば、４つの視点は、「学ぶ」「身につける」子ども側に立ったものだと言えるでしょう。豊かな学級づくりを目指す中で、この４つの視点はとても大切な役割をもっているのです。

話し合いで「自分で考え続ける子ども」を育てる

方程式⑮ 「絶対解」と「納得解」、2種類の話し合い指導

〝カラオケ型〟の話し合いになっていないか?

休み時間には、友達同士で元気いっぱいにおしゃべりを楽しむのに、授業で「話し合いをしましょう」と話すと、急に火が消えてしまったように消極的になってしまう――そんな光景に頭を抱えている先生方も少なくないと思います。

子どもたちが話し合いに苦手意識をもっているのはなぜでしょう。それは、今まで「楽しかった」「おもしろかった」話し合いの活動を経験したことがないからです。

多くの教室で行われているのは、一部の〝できる子〟〝答えがわかっている子〟主導で進んでいく〝カラオケ型〟の話し合いです。順番で歌い、歌い終えたところでとりあえず拍手。自分は次に何を歌えばいいかと上の空だったり、隣とおしゃべりしたりと、歌っている人の歌をきちんと聴くことはありません。そのうち、得意な人だけが何曲も歌い、周りはカラオケなどどうでもよくなってしまう……。そのまま話し合いの場面に重ね合わせることができるのではないでしょうか。

話し合いの活動に取り組むとき、教師は何を一番大切にしているでしょうか？

たくさん発言することでも、正解を導き出す答えを言うことでも、（一見）活発に意見を交わすことでもありません。

話し合いの本質は、もっと広く深いところにあります。自分の考えをもつこと、相手の意見を聞くことで様々な価値観があることを知ること、相手の意見に納得し、自分の考えが変わる場合もあること、様々な価値観をすり合わせることで新しい価値観を見出すこと――こうしたことが話し合いのあるべき姿だと私は思っています。

このとき、話し合いの土台になるのが、学級づくりです。学力や人間関係、様々なでこぼこがある教室の中で、自分らしさを認め合う土台をしっかりつくっておかなければ、いくら取り組んでも話し合いは形骸化するだけです。

子どもの心の変容を促す「納得解」の話し合い

話し合いには、「絶対解」と「納得解」の2つの種類を導くものがあります。

「絶対解」は、算数の計算問題のように、答えが1つしかない正解を示します。

教室で学ぶ知識は、比較的「絶対解」が多く、学力偏重の教師や子どもは、正解を求めることを何より重視します。正解に至るまでの過程より結果を求めるのです。このため、正解ではない結果を答えた子どもに対して、低く評価することも少なくありません。

一方、「納得解」では、いくつもの答えが出てきて、1つが正解と決められるものではありません。例えば、私は社会科の授業で「縄文時代と弥生時代はどちらが幸せか」という話し合いをさせたことがあります。子どもたちはいろいろと調べながら、どちらかを選んでいきました。しかし、見方を変えれば、違うとらえ方ができます。どちらかが一方的に幸せだと決められるものではありません。人の意見を聞きながら、自分の考えが揺さぶられる子どもが大勢いました。これこそが、話し合いの醍醐味なのです。

このように、知識を重視した「絶対解」に比べ、「納得解」の話し合いは、自分の意見と人の意見をすり合わせ、ときには同調しながら、ときには反論しながら自分の意見をまとめていくもので、心の変容を促します。話し合いにおいては、子どもの変容、すなわち成長こそが、最も大切なのです。

学力差に関係なく、全員で取り組むことができる

白熱した話し合いは、一朝一夕でできるものではありません。2学期以降、話し合い活動の質を高めるために、1学期は子どもたちに、「話し合いは楽しい」と経験させることからスタートします。国語や社会科など普段の授業の中でも話し合いを取り入れ、自分の意見をつくるおもしろさを体感させながら指導していくことが大切です。

話し合いを始める前に、まず私は大切なルールを教えます。

①人と意見は区別する。意見に対して反論しても、相手の人格を否定してはいけない。

②最初に決めた意見に固執しない。人の意見に納得したら、自分の意見を変えてもいい。

③勝ち負けにこだわらず、相手を打ち負かそうとしない。自分も相手も、周りのみんなが納得するまで話し合い、みんなが楽しむｗｉｎ-ｗｉｎ-ｗｉｎの関係を目指す。

発言数など表面的なものではなく、子どもの心の成長に気づくことができるよう、教師は一歩引いて〝眺める〟姿勢が大切。

自画像の下に意見を書くことで、自分の立場を明確にする。

活動しながら、話し合いを深める方法を示します。

①自分の意見を決める。どうしても決められない場合は、とりあえず〝仮の意見〟でかまわない。

②黒板に貼った自画像の下に、自分の意見を箇条書きで書く。これは自分の立場を決めるという意味をもつ。

③最初は近くの友達と意見を交わし合う。終わったら、他の子とも意見を交換する。次に席を立ち、いろいろな子と自由に話し合う。

④自分の意見と同じ子たちでグループになり、情報交換をする。

⑤グループごとに意見を発表する。わかりやすく伝えるために、画用紙やミニホワイトボードなどを活用し、見える化を図る。

⑥相手の意見に対して、質問や反論を行う。

⑦次の時間に向けて、気になったことや反論になる材料などを、図書館やインターネットなどで調べてくる。

一通りルールを示した後で、話し合いの活動に入ります。まだ学級の人間関係ができあがっていない1学期は、「納得解」の話し合いを取り入れることをお勧めします。

「私はこう思ったけれど、○○さんはこんな考え方なんだ」「私とは違うけれど、△△さんの考え方もありだなあ」と様々な考えがあることを知り、お互いの人間関係を深め合うことにもつながっていくからです。学力差にとらわれることなく、全員で取り組むことができ、何より決まった正解があるわけではないので、「みんなの前でまちがえた」という失敗感も持たずにすみます。

みんなで話し合う楽しさや、みんなで解決する喜びを経験した子どもたちは、話し合いが大好きになり、その後の白熱した話し合いにつながっていきます。そして、「納得解」だけでなく、「絶対解」でも盛り上がった話し合いになるのです。大切なのは結果ではなく、そのプロセスであることを子どもたちが学ぶからです。

白熱した話し合いの後、一人ひとりの心の中に芽生えるもの

それでは、具体的な取り組みを紹介しましょう。

国語の読み物教材「わらぐつの中の神様」が終盤を迎えたところで、「自分でタイトルをつ

休み時間になっても、友達と意見を交換したり資料を調べたり、ノンストップで話し合いが続く。

けるとしたら何か」を、全員に考えさせることにしました。この作品は、わかりやすい内容で、学力が高くない子どもでも参加しやすいと考えたためです。

各自で題名を考え、黒板に貼った自画像の下に記入。「本当の神様は心にある」「見かけではなく心」「不可視の心の輝き」など、オリジナリティーあふれるタイトルが並びました。

全員の題名が出揃ったところで、席を立って自由に意見を交換するようにしました。相手に、なぜそのような題名をつけたのか説明したり質問し合ったり。その後は、学級全員で一人ひとりの題名について、自分の意見を述べたり質問に答えたりしました。

全員が発表したところで、「どの題名がいいか」を多数決で決めると、B君の意見が第2位になったのです。教室にどよめきが起こりました。B君は、理解に時間がかかり、なかなか学校の授業についていけない子どもです。B君が考えた題名は、「不格好の美しさ」。多くの子どもたちが、彼の表現に引き込まれていました。

普段の授業で活躍する機会が少ないB君は、自分が脚光を浴びたことに、照れくさそうにしながらもニコニコしていました。

このように、「納得解」の話し合いでは、いい意味の逆転現象が起こります。一人ひとりが様々な意見をもち、自分の意見が、ときには相手の意見を変えてしまうこともある。正解か不正解かを見つけるだけが教室での学びではないことを実感した子どもたちは、その後みんなで意見をつくり出す楽しさに夢中になっていきました。

白熱した話し合いは、端から見ても活気を感じます。しかし、教師はその現象のみをとらえて満足してはいけません。

「あのとき、○○さんが言ったことは、こんな意味が込められていたのではないか」「△△さんの意見を聞いて、大勢の人が自分の意見を変えたけれど、私はまだ納得しきれていない。自分の考えを整理するために、もう一度調べ直してみよう」――話し合いを通して、一人ひとりが〝考える〟ことの大切さを実感するようになります。静かに内面は燃え続けているのです。

話し合いの最も大切な目的は、「自分で考え続ける子ども」を育てることです。自分の意見をもつことも、友達の意見を聞くことも、その大きな目的に含まれる一つの要素にすぎません。

当然、教師の評価もそこに照準を合わせなければなりません。誰が一番多く発言したか、正解を述べていたかなど、表面的な面や結果ばかりに目を向けては、話し合いの本質から外れてしまうことを十分心得ておくべきでしょう。

数多く意見を出し合うことで、自分らしい考えが出てくる

方程式⑯

エンターキー100の修行

数をこなすうちに、考える癖が身につく

講演会で、「ほめ言葉のシャワー」についてお話しすると、決まって「どのように子どもをほめればいいのかわからない」「問題を起こしてばかりいる子はほめるところが見つからない」という質問が出されます。問題がある子でも、非言語の部分にまで目を凝らせばいいところは

たくさん見つかるものです。何をほめればいいのかわからないとこぼす姿を見ていると、子どもの表面ばかりに目が行き、深く子どもを見ていないのかな、とつい思ってしまいます。教師として、いかに子どもたちの良さを引き出す努力をするか。教師として質を高める〝修行〟が大切だと強く感じています。

「修行」という言葉を使ったのは、私が主宰している菊池〝道場〟の名前に由来しています。子どもの指導をめぐって、「こうしたらどうか」「この考え方は甘い」など、みんなで侃々諤々と意見を戦わせることは、修行に通じるものがあると思っているからです。

菊池道場は、学校の勤務が終わった金曜日の夜からスタートし、朝までエンドレスで続くこともしょっちゅうあります。当然、疲れと眠気で中だるみしてきます。

あるとき、具体的な子どもの姿から何に気づき、教師の学びにつなげていくかについて、道場のみんなと話し合っていました。そして、子どもの1枚の作文をみんなで読み、子どもの姿や指導のあり方について気づいたことや疑問に思ったことを順番で一言ずつ述べることにしました。

一つ意見が出るごとに、文書作成ソフトのワードに打ち込み、エンターキーをクリック。自動で段落番号がつくように設定していたので、意見が出るごとに、1、2、3……とナンバリングされていきます。2回りめで10になったとき数字が2桁になり、1ます分右に文字がずれます。「あっ、もう10個も出たんか！」と何だか楽しくなり、「この勢いで、もう1ます分、つまり100個、意見を出そう」と提案すると、みんなも乗り気になり、さっきまでの眠気はどこかへ行ったかのようにわいわいと取り組むことができました。

勢いで始めた〝修行〟でしたが、進めていく中であることに気づきました。最初の1〜2周目はスムーズに出ていた意見が、だんだんと行き詰まってくるようになります。すでに出された意見と同じことを言うわけにはいきません。みんなが頭を抱え始めたとき、私はつい、「段落が変わるとき、ちゃんと1ます分空けているのはすごいことだ」と話しました。当然、みんなは「えっ!?」と驚いたような表情に。私は続けます。

「この作文を書いたS君は、自分のノートすら学校に持ってこなかった。一文すらまともに書けなかった彼が、1ます空けて書く、という作文のルールを身につけたのだからすごいことなんです」

作文を書いたS君が抱えている問題を詳しく知っているのは、受け持っていた私だけです。ある意味、フライングです(笑)。とはいっても、常日頃から道場でS君のことを話していたので、いつも参加しているメンバーは、ある程度S君の状況を聞いて知っていました。ですのでこの後、「ひらがなでなく、カタカナで『コンビニ』と書いているのはえらい」「文章の途中で、読点が入っている」「句点の丸がちゃんと閉じて書いてある」といった意見が次々と出されました。

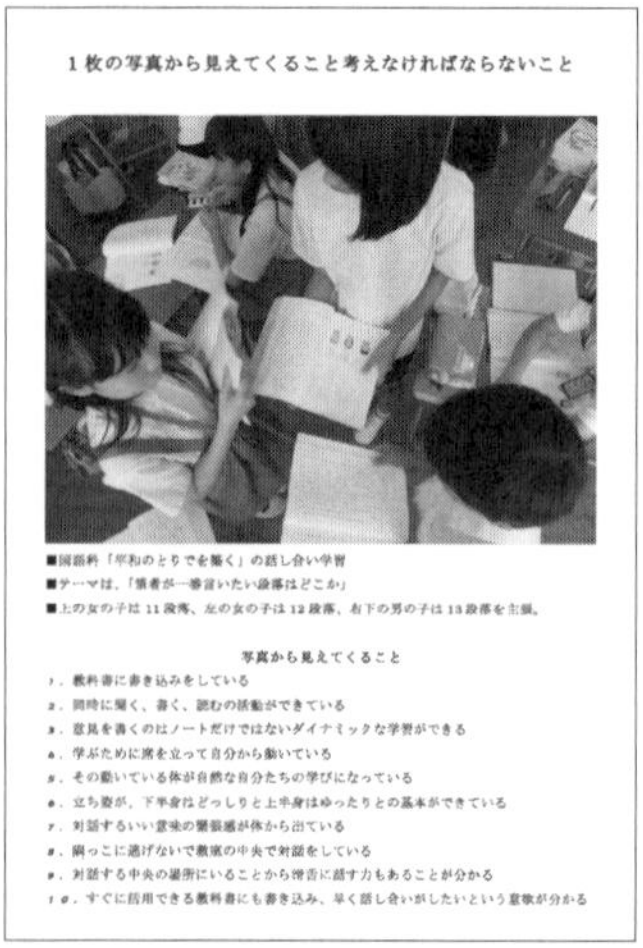
1枚の写真から見えてくること考えなければならないこと

■国語科「平和のとりでを築く」の話し合い学習
■テーマは、「筆者が一番言いたい段落はどこか」
■上の女の子は11段落、左の女の子は12段落、右下の男の子は13段落を主張。

写真から見えてくること

1．教科書に書き込みをしている
2．同時に聞く、書く、読むの活動ができている
3．意見を書くのはノートだけではないダイナミックな学習ができる
4．学ぶために席を立って自分から動いている
5．その動いている体が自然な自分たちの学びになっている
6．立ち姿が、下半身はどっしりと上半身はゆったりとの基本ができている
7．対話するいい意味の緊張感が体から出ている
8．隅っこに逃げないで教室の中央で対話をしている
9．対話する中央の場所にいることから聴衆に話す力もあることが分かる
10．すぐに活用できる教科書にも書き込み、早く話し合いがしたいという意欲が分かる

1枚の写真から気づいたことを、箇条書きにして打ち込んでいく。

菊池道場での学び合いは、朝までエンドレスで続く。長く続けるには、楽しみながら修行することが大切。

100個を目指して出された意見は、苦し紛れとはいえ、どれも小さなことにこだわったものです。目を凝らしてよく見てみれば、子どものいいところは見つかるものだなあ、と感じました。

100個という数字にこだわったからこそ、細かいところまで見ようとしたのです。こうしたことを繰り返していけば、教師は子どもの細部まで見る〝癖〟がついていくのではないだろうか。そう考えた私は、「エンターキー100の修行」と名づけ、その後も子どもたちの作文や1枚の授業風景の写真などを提示し、みんなで気づいたことを述べ合うようにしました。

まずは質より量。「お百度参り」「千本ノック」など、昔の人はよく言ったものだと思います。数をこなすうちに、考えたり動いたりする癖が、自然に体に染みついていくのです。

さらに、この取り組みは、もう一つの効果を生み出しました。菊池道場は、自由参加型の学びの場です。常連のメンバーだけでなく、ときには東京や大阪など遠くからいらっしゃる先生もいます。小学校だけでなく、特別支援学校や中学校、高校の教師、さらには、福祉関係や学習塾、議員、学生……本当に様々な職種の方がいらっしゃいます。初めて来られた方に、「一緒に学び合いましょう」と声をかけても、最初から積極的に意見が出るものではありません。参加者というよりお客さんになってしまい、「教える人」「教わる人」という構図になりがちでした。このような一方通行の研究会は学び合いにはほど遠く、心苦しく思っていました。

でも、全員が発表する「エンターキー100の修行」ならば、一人ひとりの発言が保障され、気後れしている方でも発言しやすいので、参加者全員で活発な意見を交わすことができました。学び合いの一つのスタイルとしても効果があるな、と思いました。

様々な意見を出し合う楽しさを

「エンターキー100の修行」のもとになったのは、今から7〜8年前、6年生の子どもたちに、「3つあります作文」を書かせたことです。

この子たちは、5年生のときに学級崩壊を起こしました。6年生になった始業式の後、私は

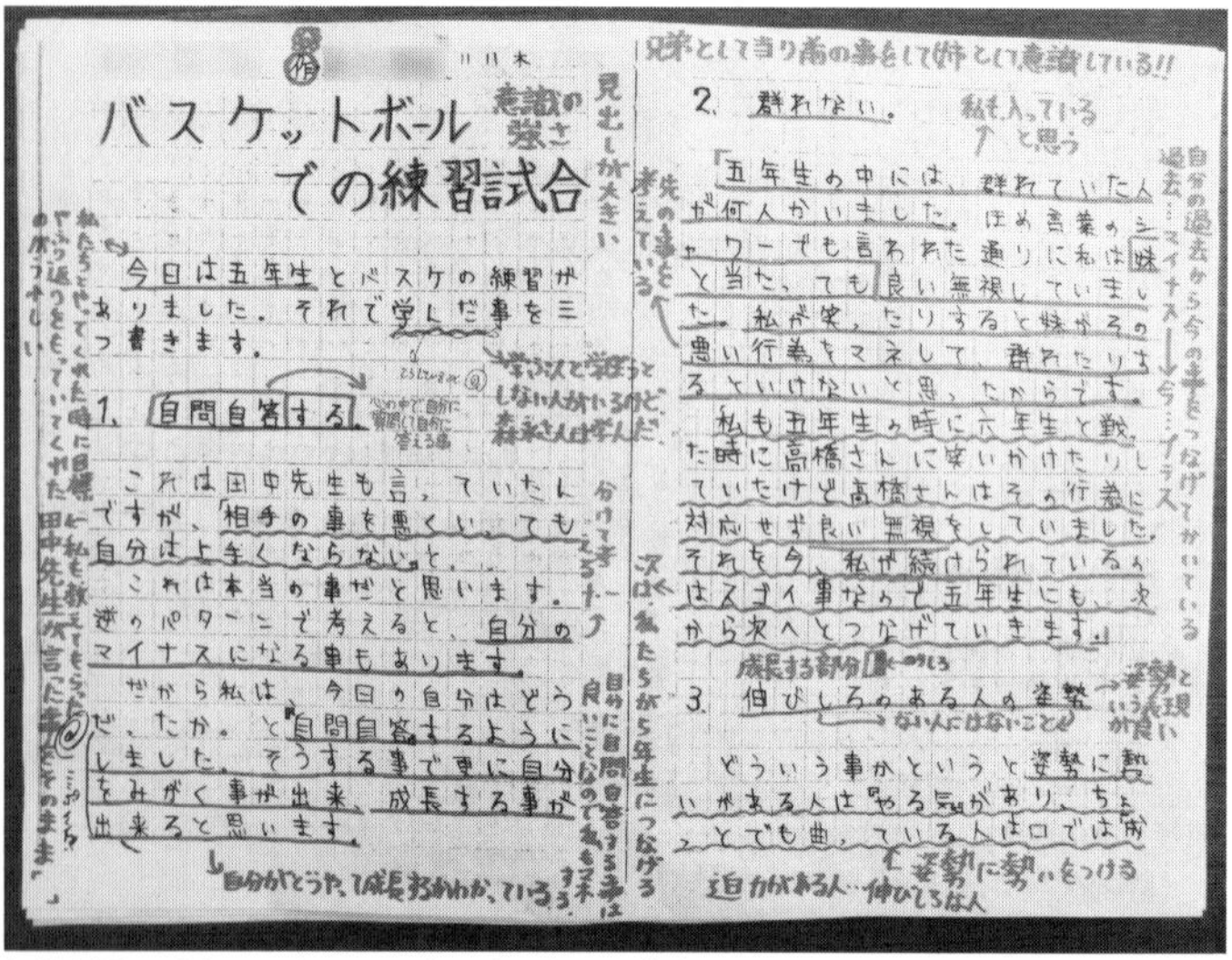
バスケットボールでの練習試合

今日は五年生とバスケの練習がありました。それで学んだ事を三つ書きます。

1. 自問自答する

これは田中先生も言っていたんですが、「相手の事を悪くいっても自分は上手くならない」と。

これは本当の事だと思います。逆のパターンで考えると、自分のマイナスになる事もあります。

だから私は、今日の自分はどうだったか。と自問自答するようにしました。そうする事で更に自分をみがく事が出来、成長する事が出来ると思います。

2. 群れない。

「五年生の中には、群れていた人が何人かいました。ほめ言葉のシャワーでも言われた通りに私は妹と当たっても良い無視していました。私が笑ったりすると妹がその悪い行為をマネして、群れたりするといけないと思ったからです。

私も五年生の時に六年生と戦った時に高橋さんに笑いかけたりしていたけど高橋さんはその行為に対応せず良い無視をしていました。それを今、私が続けられているのはスゴイ事なので五年生にも、次から次へとつなげていきます。」

3. 伸びしろのある人の姿勢

どういう事かというと姿勢に勢いがある人はやる気があり、ちょっとでも曲っている人は口では

友達が見つけたいいところで真っ赤になった作文。

子どもたちを体育館に残して、「今までの悪い自分をリセットして、成長しようとする人だけが6年1組の教室に行くことができます」と厳しい態度で接しました。

学級崩壊を経験した子どもたちは、お互いが不信感を抱き、最初は学級集団とはいえない、単なる群れでした。

5年生の頃は無関心やおしゃべりできちんと学習していなかったため、作文も発表もできない子が大勢いました。今日の活動の感想を求めても、何人かは1行も書けず、鉛筆を持ったまま、固まっています。そんな子どもたちにはまず、事実＋意見（例・昨日サッカーをしました。楽しかったです）や「AとBどちらが好きか」など簡単な文章から指導していきます。

少し慣れてきたら、理由をたくさん書かせるようにします。「理由を3つ以上書きましょう」「3分間で5つ以上をめざしましょう」などと数字を入れて指示します。達成目標を示すことにもなり、見通しをもって取り組むようにもなるからです。

次に、その理由を考えさせます。ノートに「なぜかというと……」で書かせます。「はい好きです。なぜかというと……」「私の意見は○○です。なぜかというと……」と書いていくのです。スピーチのときは、書いたものを読めばいいわけです。

「3つあります作文」を書いているとき、校長先生が見に来られました。そして授業後、「あれはいいねえ。2つはすぐに見つかるけれど、3つになると少し考えなければならない。日常的に考えるトレーニングになるね」と感想を話してくださいました。

数が多くなるほど、じっくり考えなければなりません。最初の4~5個は誰もが同じような内容を考えつきますが、数を重ねるうちに、オリジナルの考えが出てくるようになります。つまり、その人らしさが出てくるのです。

さらに100個となると、自分だけではとても考えきれません。私も一人で1枚の写真から気づいたことを書き出したことがありますが、50個を過ぎたあたりでギブアップしてしまいました。

子どもたちには、まず自分で考えさせ、次に教室を自由に回りながら他の子のノートを読み合うよう指導します。いい意見だと思ったら、自分のノートに書き込んでもかまいません。こうすることで数が増えるのはもちろん、書けない子も意見を増やしていくことができるのです。こうしてみんなで意見を出し合った100個は、全員に達成感を与えます。そして、他の子の意見を聞きながら、子どもたちは様々な考えがあることを実感するのです。

友達の作文が真っ赤になるぐらい書き込む

普段から、「○個見つけましょう」「できるだけたくさん探しましょう」「黒板をみんなの意見で真っ白にしましょう」と指導しているうちに、子どもたちも当たり前のようにたくさん意見を出すようになります。

バスケットボールの練習試合後に、感想を書かせたときのことです。Mさんが、「練習試合で学んだ3つのこと」として、①今日の自分はどうだったかと自問自答するようにした、②群れない、③伸びしろのある人の姿勢には、やる気がみなぎっている、とまとめました。とても価値のある作文です。学級全員で共有したいと思い、彼女の作文を全員に印刷して配り、各自いいと思ったところに赤字で書き込ませました。このとき、「プリントが真っ赤になるぐらい、書き込みましょう」と指示しました。

子どもたちは、友達の作文を読むのが大好きです。読み聞かせるだけでなく自分で読む方が、さらに読むだけでなくそれについてコメントを入れる方が、より記憶に残ります。真っ赤になるほど書き込むためには、相当作文を読み込まなければなりません。結果的に、Mさんが書いた価値は自然にみんなの頭に入ることになります。

一つの題材をもとにみんなで考え合わせるこの取り組みは、学び合いの一つの方向性を示しているのではないか、と感じています。

加速するキーポイントは、個から集団へ意識させること

方程式⑰

成長曲線を加速させる5つの視点

縦の関係から、子ども同士がつながる横の関係へ

2学期は子どもたちの成長の伸びしろが大きく分かれる時期です。

夏休みの様々なセミナーでも「2学期の指導が心配だ」「学級が荒れない手立てを教えてほしい」という声を多く聞きます。

1学期は、子どもたち一人ひとりの成長が目に見えるほど変容しているわけではありません。学級全体の成長も、まだはっきりつかめるほどではありません。4月からの3か月間は、教師と子どもの縦の人間関係づくりが中心で、子ども同士の横の関係がまだ深まっていないためです。特に、1学期の友達同士の小さなトラブルや夏休み中の家庭での過ごし方など心配の種がある場合、不安が膨らんでしまうのでしょう。

2学期は、いよいよ子ども同士の横の関係が深まっていく時期です。マイナスの方向に目を向けるのではなく、どうすれば子どもたちがぐんと成長するか、プラスの視点で考えていくことが大切です。

学級全員が成長するために

前章でもお話ししましたが、新年度、私は子どもたちに成長する道（A）と現状のままの道（B）の2つの道を記したグラフを見せています。2学期はさらに成長するSA（スーパーA）の曲線を加えたグラフを見せます（図）。AとSAの違いは、自分一人の成長だけでなく、学級全体が成長する道であることを説明し、子どもたちに横のつながりを意識させます。

この曲線のカーブを上げるためには、次の5つの視点が大切です。

自分（子どもたち）が進む道

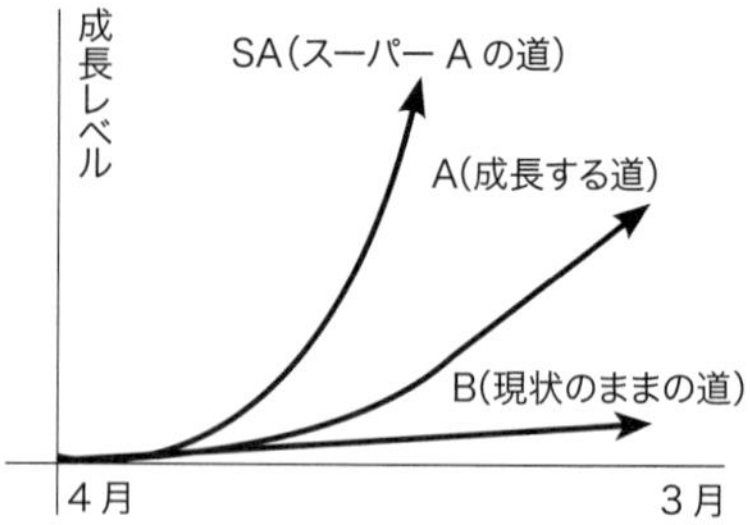

①コツコツ努力している消極的な子にスポットを当てる

子どもは一人ひとり、成長の速度が異なります。しかし、あるとき何かをきっかけにグンと成長するときがあります。教師は、一人ひとりに目を向け、そのタイミングを逃さないようにすることが必要です。

学級の子どもたちを、やる気がある子：普通の子：問題を抱えた子と分類すると、おおよそ2：6：2の割合になります。2学期は、6の子どもを上の2に引き上げることが学級全体の成長を大きく促します。

中でも、決して目立つわけではないけれどもコツコツと努力している、責任感がある消極的な子にスポットを当てることが大切です。

②個々の子どもの特性や得意分野を活かす

2学期は、音読や作文、係活動など、1学期に学級で取り組んできた活動が軌道に乗ってきます。すると、それぞれの活動の場面で光る子が出てきます。そういう子をピックアップし、学級全員に伝えていくことで、その子の存在感を示します。

特に学級レクリエーション活動は、学級全体で楽しむいい機会です。こうした活動は、学級独自の文化を創る機会にもなります。

③子どもたちに、個から集団を意識させる

私は様々な場面で、子どもたちの価値ある行為を取り上げてほめています。特に1学期は、たとえ小さなことでも大きく取り上げ、意味のあることだと価値づけしてきました。これまでほめられたことが少なかった子どもたちに、自分にもっと自信をもってもらいたいからです。まず縦の関係を築いていくため、教師が子ども一人ひとりに伝えていくことが中心になります。1学期半ばから「ほめ言葉のシャワー」をスタートさせますが、最初はまだ子ども同士のつながりを強調しすぎることはありません。

2学期は、いよいよ子どもたちがつながり、集団として成長をしていく時期です。そのため、私が示す価値づけも当然、集団＝公、を意識させるものが多くなります。一人の価値ある行為を学級全体に広げて深めるためです。

④学級全体で取り組む活動を意識する

学習発表会や陸上記録会、学校開放週間、修学旅行……2学期は様々な学校行事が目白押しです。

1学期に運動会を開催する学校も多いようですが、1学期の行事は、どちらかと言えば、「自分が頑張る」意識の方が強いでしょう。その点、2学期は集団力の下地ができています。「みんなで」「クラス全員で」といっても、普段の生活では、子どもたちはなかなか集団を実感する機会がありません。非日常の活動を、集団や学級を意識した取り組みにすることが大切です。

⑤少し先の自分をイメージさせる

〝予測作文〟など、2学期末、あるいは3月末をイメージさせる活動を取り入れましょう。

「どんな大人になりたいか」という遠い将来を尋ねても、多くの子どもたちの答えは曖昧です。スポーツ選手やパティシエなど、自分が取り組んでいるスポーツや憧れをそのまま将来の職業に当てはめているのがほとんどです。

数か月先の未来であれば、子どもたちも具体的に自分の姿をイメージできます。しかも、みんながいい方向へ進んでいる自分をイメージします。いい方向は、言い換えるならば、自分の目標であり自分が進むべき道です。2学期末までの1～2か月間、そして3月末までの半年間をどう過ごせばいいのか意識するようになります。

〝予測作文〟では、自分自身と学級全体の2つの視点で考えさせるのがポイントです。そして、例えば作文を書いてから1か月後に、自分が書いた未来像にどれぐらいまで近づいているか、再度考えさせるようにします。「この1か月間、自

みんなが下校した後、掃除道具入れを黙々と片付ける女子。コツコツと努力している目立たない子にスポットを当てたい。

分はどのように努力してきたか」「これからの1か月間、どうすればいいか」という自己評価になります。

ぐんと成長するターニングポイント

それでは、2学期に成長した6年生のMさんの話をしましょう。

Mさんは、5年生の3学期に転入してきました。「何人、友達をつくりたいですか?」というクラスメートの質問に、「2人くらいでいいです」。子どもたちが驚いたのは言うまでもありません。自分が思ったことを口に出すことが苦手で、家で母親とけんかしたときも、口答えすることなくプイッと家を出てしまい、ちょっとした騒ぎになったこともあります。背が高く目立つことも気になっていたのか、いつも寡黙なMさんは一言で言うなら〝ネクラ〟な子でした。内側に秘めている思いをうまく言葉に出すことができないMさんでしたが、転校して間もないこともあり、1学期の間、私はあえて静観していました。

11月、国語の授業で「やまなし」について話し合いの活動を入れました。主人公が棲んでいる谷川の深さがどれぐらいかを考えるものです。黒板に斜線を引き、8㎝から3mの間に30㎝、50㎝……と数値を入れていきました。子どもたちは、自分で考えた深さのところに自画像マグネットを貼ると、同じ深さ同士の子どもたちが意見を交換し合い、異なる深さのグループと意見を戦わせました。

子どもたちは深さを読み取れる文章に赤線を入れたりしながら、教科書を読み込んでいきました。やがて、物語に登場するカワセミの生態について図書室に資料を探しに行ったり、作者である宮沢賢治についてインターネットで調べ出したりと、子どもたちはどんどん集中していきました。

話し合いは、私が思っていた以上に白熱していきました。昼休みになっても、図書室から借りてきた本を熱心に読み込んだり、ホワイトボードに絵を描いて可視化したり、ときには過熱してけんか寸前までなった子もいました。

みんなの反論に堂々と対応するMさん。話し合いを進めるうちに、どんどん自信に満ちた表情に変わっていった。

1m50㎝の深さを選んだMさんも、同じ意見の子たちと意見を交換しながら、自分の考えをまとめていきました。話し合いが進むにつれ、友達の意見に納得した子たちが次々と考えを変更し、次第にグループは集約されていきました。

1m50㎝派も同様で、気づけば残ったのはMさん一人。他の意見グループから次々と反論がMさんに向けられる中で、Mさんは孤軍奮闘していました。みんなに理解してもらおうと、いろいろと調べ、反論にも物怖じすることなく、はっきりと自分の意見を述べていました。一人で、大勢に立ち向かうのはとても勇気がいることです。その姿を見て、まさに今がMさんが大きく成長するターニングポイントだと感じました。

何度もの話し合いを経て、最終的にMさんは自分の意見を変えました。納得いくまで話し合ったからこそ、潔く変えることができたのでしょう。Mさんのすっきりした表情が印象的でした。話し合いを終えたMさんは、「途中、大変だなと思うときもあったけれど、みんなが最後まで私の意見を聞いてくれたので、私も納得して自分の考えを変えることができました。自分が言ったことにみんなが反応してくれることを実感しました」と振り返っていました。

その後、自分に自信をもったMさんは、とても強くなりました。得意のイラストで学級の様子をまんがに描いてはみんなに見せ、友達の数もぐんと増えたようでした。

2学期は、子どもの成長の姿が目に見える大事な時期です。ときには教師の予想を大きく上回る子どもたちの成長を楽しみましょう。

〝非日常〟は飛躍的に成長する貴重な場

方程式⑱ 行事を成長につなげる3つの指導

子どもたちは本番で伸びる！

運動会や学習発表会、学校開放など、10～11月は様々な行事が目白押しです。
「やれやれ、今年は何にすればいいかな」「校長の注文が多すぎて、また時間に追われる」「保護者や地域の人にいろいろ言われるのも面倒だ」などと、否定的に受け止める方も少なくないようですが、こうした〝非日常〟は、子どもたちがぐんと成長する貴重な場です。

スポーツの試合時間は、練習時間に比べればほんの一瞬です。でも、その短い時間に選手たちは飛躍的に伸びるのです。本番の成功だけに目を向けるのではなく、練習期間も子どもたちが成長する場なのだととらえること。さらに、本番はゴールではなく、その先の学級経営につなげていくための通過点であることを心得るべきです。3月の学級納めこそが、〝本当〟の本番なのです。

学年間の教師が歩調を合わせて

非日常である行事を子どもたちの成長につなげるためには、少なくとも学年間で歩調を合わせる必要があります。「隣のクラスはしっかりしているのに、おまえたちはなんや。しっかりせんか!」と、競争意識をあおっても、百害あって一利なし。子ども一人ひとりが頑張り、その良さをみんなで認め合うことで融合し、一致団結して行事に臨めるのです。

成長につなげるには、次の3つの指導が必要です。

①心構えの指導

子どもたちが前向きに取り組むよう、心構えをきちんと指導します。

教師に熱が入りすぎて、「だらだらやるな」「もっと全力を出せ」と声を荒らげても、子どもたちはやらされ感をもつだけ。「何で自分だけ」「何で男子だけ」「何でうちらのグループだけ」と不満でいっぱいです。

子どもたちが受け身ではなく、自ら頑張ろうと思う指導が大切なのです。

次のように2つの評価を示し、どちらが自分たちのあるべき姿であるかを、子どもたち自身に選ばせます。

●力を出し切り、「やっぱり○年生はすごいね！」と下級生や保護者、先生たちから賞賛を受ける

●文句ばかり言いながらだらだらと行動し、「やっぱり○年生はだめだねえ」と周りからがっかりされる

子どもたちは前者を選びます。しかし、自分たちで選んだとはいえ、緊張感はそうそう続くものではありません。言ったからわかる、一度決めたからうまくいくというのは甘い考えです。その後も気持ちを持続させる工夫が必要です。

成長ノートや作文などに、「運動会でどのようなところを成長させたいか、3つ書きましょう」と指示し、みんなの前で読み合います。また、「(運動会では)一人で、すばやく、全力で」など、学級全員でキャッチコピーを考えるのもいいでしょう。常に、練習前にキャッチコピーを

読むようにして、志気を高めます。

心構えは、可視化が必要です。

新年度を迎えるたびに、私は教室後ろの壁に、「○年○組　成長年表」を貼り出します。成長年表には、始業式や運動会、参観日、ゲストティーチャー、視察や取材など、非日常がある日にちと内容を書き込み、その下に活動に見合う〝価値語〟を入れていきます。

例えば、次のように貼り出します。

9／1　2学期スタート・始業式　リセット加速

10／17　陸上記録会　全力の美しさ

10／28〜29　修学旅行　公（おおやけ）

価値語は、キャッチコピーであり、目標でもあります。

新しい行事があるたびに、年表が増えていきます。1年間で、後ろの壁はいっぱいになります。「こんなことがあったね」と思い出に浸るだけではなく、この行事のときにはこんなに力が伸びた、クラスで協力し合ったからできた、と成長をみんなで確認し合えるようになっているのです。

②相互評価を入れる指導

1学期の行事は、個人の頑張りに重点を置いて活動させますが、2学期は集団を意識させせます。学級や学年全体の中で自分の役割を考え、ともに成長し合うことに重点を置くのです。

しかし、行事は学年全体で進行することが多く、教師の目は保護者や地域など外に向けられることが多くなります。子どもを見るときも、個々の子どもより全体を見る場面が多くなり、一人ひとりの良さを認める機会が少なくなりがちです。子どもたちをひとくくりに見るのではなく、個人と集団両方の視点で子どもを見ていく必要があります。

そこで、子ども同士の評価を取り入れることをおすすめします。

子どもは、他の子の様子をよく見ています。他の子の頑張りをお互いに伝え合ったり、ノートに書かせて読み合ったりするのです。お互いを評価し合うことで、子どもたちの気持ちは一層高まります。

そのことによって教師自身に、精神的にも物理的にも余裕が生まれます。何か問題が起こったときも、余裕をもって修正できるようになるのです。

学び合いやアクティブ・ラーニングは、何も授業だけの取り組みではありません。こうした非日常の場面にもっと取り入れていきましょう。

③失敗の指導

練習が進むにつれ、小さないざこざやハプニングが続出してきます。教師もそろそろ疲れが溜まってきた頃。そんな子どもたちの様子を見て、つい声を荒らげてしまうことも少なくないのではないでしょうか。

教室では、毎日小さなドラマが起こります。行事のような非日常の場面ではなおさら、印象に残るドラマが生まれることでしょう。

教師はまず、これから起こりうるドラマにワクワクしてください。むしろドラマを引っ張り上げるぐらいのつもりで、楽しむ姿勢が大切です。

教室の後ろの壁に貼り出した成長年表。行事があるたびに、1枚ずつ加えていく。

そして、その思いを子どもたちにもシェアしてあげましょう。「本番に向けて練習していく途中で、うまくいかなかったり友達とけんかしたりするかもしれない。でも、そういった様々な経験は、きっと自分たちを成長させてくれるから」と。

精一杯努力しても、当日緊張しすぎて失敗してしまうアクシデントはよくあることです。失敗してはいけないと思い込んでいた子どもたちの意識はきっと変わるはずです。

学習発表会で劇に取り組んだとき、一人の子が劇で使うエプロンを忘れてしまいました。うっかりではなく、あがりすぎて忘れてしまったのです。教室まで取りに戻る時間はありません。頭の中が真っ白になっているその子に、「衣装ではなく、演技が大切なんだよ」とそっとアドバイスをすると、その子は我に返ったようにハッとなり、堂々と演じることができました。

その劇で、セリフを忘れてしまった子がいたときも、次の子がうまくつなげていました。「みんなで成長する」視点があったからこそ、忘れた子を責めるのではなくフォローすることができたのです。

行事は通過点にすぎない

ある年の運動会で、PTA会長が「組み体操の出来栄えやわが子の徒競走の順位など、どうでもいいんです。それより、開会式や閉会式の子どもたちのピシッとした姿が見たいのです」と話してくださいました。

子どもたちは誰でも、1等賞になりたい、ピラミッドの頂点でピシッと決めたいと、自分の出番のときには張り切って臨みます。一方、自分の順位と関係ないものにはさほど関心をもたず、集中しなくなります。「力を出し切り、下級生や保護者、先生たちから賞賛を受ける！」と子ども自身が決めて取り組むのであれば、最初から最後まで意欲をもって取り組めるはずで

学習発表会では、一人ひとり主役で劇に挑戦した。

「一人で、すばやく、全力で」をキャッチコピーに取り組んだ運動会。

す。ＰＴＡ会長は、そういう姿を見たいのだな、と思いました。

ある年の運動会で、Ｎさんが閉会の辞を述べました。運動が苦手でどちらかと言えば目立たないタイプの子です。

「保護者のみなさま今日はありがとうございました。……私たちは、最後の片付けまでが運動会だと思っています」

帰りかけていた保護者も足を止め、大きな拍手があがりました。思った以上の反応に少し戸惑いながらも、Ｎさんは、拍手が収まるのを待ち、「どうもありがとうございました」と続けました。

運動会が終わった数日後、私はＮさんのスピーチを大きく取り上げました。普通ならば、暗唱したスピーチをまちがえずに話すだけでも勇気がいること。さらに、予想外の拍手に驚きながらも、拍手がやむまで待ってスピーチをしたのはすごいことだとほめました。１等賞を取るのはもちろんすばらしいが、Ｎさんのような行いも、運動会の成功につながったすばらしい行為であることを子どもたち全員でシェアしたのです。

教師の評価も、成功・失敗という結果ではなく、本番に至るまでの子どもの心の変容をしっかりと見る必要があります。そのためには、一人ひとりが輝く場をつくってあげる視点が大切です。一部の子どもだけが輝く行事は、全員の成長にはつながりません。それは、子どもたちの関係が希薄だったためで、2〜3週間の練習で強い絆をつくれなかった教師に責任があります。

大きな行事が終わり、通常の学校生活に戻ると、学級が荒れ始めることがあります。「行事を成功させる」という目の前の大きな目標がなくなり、進む道筋が見えなくなってしまうのです。「運動会で頑張ったみたいに、普段の授業もしっかりやれ！」と叱る教師もいますが、行事の成功のみ考えていた指導に問題があるのです。行事は通過点であって、ゴールではありません。

子どもの振り返りが、教師自身の振り返りに

方程式⑲

3学期につながる3つの振り返り

〝反省〟よりも、〝成長〟に目を向けて

冬休みを目前にひかえたとき、「やれやれ、2学期もあと少しだ」とほっと胸をなで下ろしているでしょうか。それとも、「よし、この調子で3学期はもっと学級の成長を加速させるぞ！」と意気込んでいらっしゃるでしょうか。

今、あらためて自分の学級を振り返ったとき、この時期は良くも悪くも○年○組独自のカラー、つまり〝学級らしさ〟が出ていることでしょう。担任は、一人ひとりの成長を評価するのと同じように、学級そのものの成長もしっかりととらえる必要があります。

学級がいい雰囲気ならば、今のままの方向でさらに進めていけばいいのですが、問題がある場合は、立て直しを図らなければなりません。

担任は、つい問題点ばかりに目を向け、「昨年度受け持った学級の方がよかった」「今の学級がうまくいかないのは、○○君がしょっちゅう問題を起こすからだ」とマイナスの視点で学級づくりをとらえがちです。しかし、以前の学級と今の学級は、同じ子どもたちではありません。当然、学級のカラーも異なるのです。

前年度と同じようにしようと無理に軌道修正を図ると、子どもたちは振り回され、後味の悪い3学期になってしまいます。

「同じ学級は二度とない」――私が若い頃、いろいろと教えていただいた大先輩の言葉です。この言葉は、今でも私の学級づくりの礎になっています。

子どもたちに、行事や授業態度、生活面などについて振り返り、2学期の反省点を書かせる教師が少なくありません。子どもたちは、「漢字の学習を怠けてしまったので、3学期は漢字テストで100点を取れるように頑張ります」などと〝無難〟にまとめてきますが、もちろん本心からのものではありません。教師に言われたから、その場しのぎで反省しているにすぎないのです。そもそもいやな思い出は、大人の私たちでもあまり心に留めておきたくないものです。

マイナス面にとらわれるのではなく、もっとプラス面に目を向けましょう。

子どもたちには、マイナス面ではなく、成長したと思うプラス面を振り返らせ、子どもたちの頑張りを認めてあげる姿勢が必要です。プラス面に目を向けることで、子ども自身も「この部分をもう少し頑張って、3学期はもっと成長したい!」と自然に反省点にも気づきます。何より、教師も子どももプラス面を振り返る方が楽しい取り組みなのは言うまでもありません。

学級全体の振り返りも同様です。今の学級のプラス面を活かしつつ不足分を補うというスタンスで、緩やかに舵を切っていくことが大切です。

子どもの〝声〟を聞け!

冬休みは、うまくいかない子どもと直接顔を合わせることもなければ、日々の授業づくりに追われることもありません。一歩引いて冷静に自分の実践を見つめ直し、これまでの実践を束ねられる期間です。教師の冬休みの過ごし方によって、3学期の指導のあり方が大きく変わってくるのです。

2学期の実践を束ねるためには、次の3つの視点での振り返りが必要になります。

●子ども一人ひとりの成長
●学級集団の成長
●教師自身の指導

子ども一人ひとりの成長と学級全体での成長の具体的な場面を思い起こしながら、自分自身の指導を振り返るのです。

それでは、具体的な取り組みをいくつか紹介しましょう。

①子どもの記録を活用する

例えば、運動会や学習発表会など大きな行事があると、直前には頑張りたいことなどの目標を、終わった後には感想や反省を書かせている方も多いと思います。こうした記録を読み返し、自分の評価として活用するのです。

例えば、「グループごとに話し合ったとき、積極的にかかわることができなかった」という感想があった場合、その子がかかわることができなかった理由を考えていきます。その子だけの問題なのか、話し合いの雰囲気がグループにできていたか、教師の指示の仕方が曖昧でなかったか……。じっくりと思い出すことで、自分の指導の反省点が見えてきます。

私は、〝価値ある学び〟を学級の中で深く浸透させるために、「成長ノート」を一人ひとりに持たせ、必要に応じて書かせています。

あるとき、以前受け持ったクラスの話し合いの映像を子どもたちに見せたところ、B君が成長ノートにこんな感想を書いてきました。

「ほめことばのシャワーや質問タイムを比べると、1学期のほうがみんな生き生きしていました。今は、みんなの個性が出ていません。みんなもっと元気よく楽しめるようになれば、このクラスは先輩を超えられるはずです」

B君の感想に対し、私は次のようにコメントを書きました。

「そうですね。ぴりっとした空気感を出したいですね。B君と同じことを先生も思っていました。鋭いですね。ありがとう。先生も気をつけて見ていきますね」

子どもの反省点は、自分自身の反省点であり、教師の指導の裏返しでもあるのです。耳の痛くなるもの、〝ひねくれた〟辛口の感想こそが、自分自身を高めてくれるのだととらえていきたいと思っています。

「成長ノート」の最初のページから、あるいは2学期の最初から、子どもたちに読み返させ、感想を書かせていきます。このとき、単に感想を書かせるのではなく、「自分が一番成長したと思うできごとは何か」「学級の成長に欠かせない価値語を書きなさい」など、テーマを与えるのがポイントです。テーマがあることで、自分一人の成長、学級全体の成長と、様々な視点から具体的に振り返ることができるのです。

「成長ノート」の代わりに、子どもたちの日記や行事が終わったときの感想文なども活用することができます。

振り返りは一度で終わらせるのではなく、何度か行うといいでしょう。一度振り返ったからといって、そう身につくものではありません。自分の足跡をプラス面で振り返るのはとても心地いい活動です。何度も行うことでプラスの気持ちで2学期を締めくくることができるはずです。

②子どもたちにインタビューする

卒業式を控えた3月、Mさんが自分のストーリーを3枚のまんが仕立てにまとめてきました。国語の「やまなし」「海の命」の話し合いを通して大きく成長したことが生き生きと描かれていました。

その後、春休みにMさんたちが遊びに来たとき、私は自分が一番成長したと思う体験について尋ねてみました。

Mさんは国語の授業を振り返り、「あのときの私の意見に対して、○○さんはこう反論した」「△△さんがこう言って、私と同じ意見の□□君は自分の考えを変えたけれど、私はまだ納得しきっていなかったので意見を変えなかった」と具体的に話してくれました。人や場面を事細

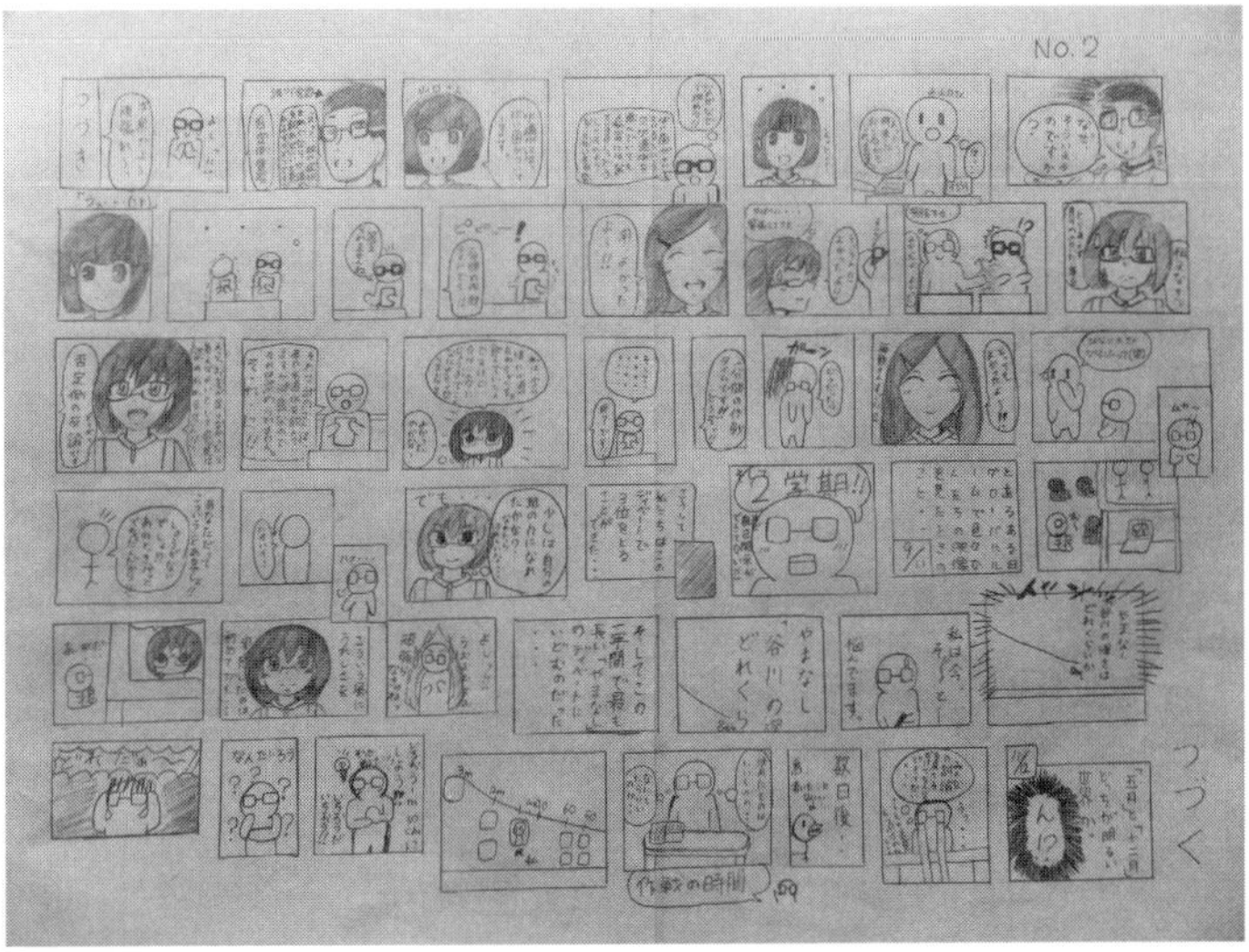

Mさんが自分の成長をまんがにまとめてきた。

かに覚えている彼女に驚かされました。しかも、その場面を他にいた子どもたちもしっかりと覚えていたのです。

子どもたちは、自分の学びをしっかりと覚えています。ともすれば、教師は子どもたちをよく知っていると思い込みがちですが、案外とアバウトに見ていたのではないかと省みました。

印象に残った子どもに、机間巡視中や授業後の休み時間に少し話を聞いたり、何人かずつで放課後に残ってもらい、話を聞くのもいいでしょう。話し合いなど、自分が重点を置いていた実践にテーマを絞って自由に意見を交わしてもらうのです。子どもたちを信頼し、彼らの声に積極的に耳を傾ける姿勢が大切です。

③子ども自らの活動を促す

教師が2学期に力を入れてきたことを、子どもたち自身が発案者となって活動につなげていくよう、促すことが必要です。例えば、次のような取り組みがあります。

●学級新聞

2学期の終了間際、新聞係がアンケート結果を新聞にまとめてきました。

・今年のクラスを漢字1字で表すなら（1位「心」、2位「笑」、3位「変」）
・来年の目標漢字ランキング（1位「伸」、2位「仲」、3位「進」）

●成長診断ゲーム

成長をテーマに発行された学級新聞。

「心のケア」係と「自己肯定」係の子どもたちが中心になって、2学期に注目した価値語をもとにゲームをつくり、学級全員で楽しみました。

授業をつくるとき、教師はどのような発問、指示、説明をするのか考えながら組み立てていきます。実践に対する振り返りも、これらの指導を中心に、周りの子どもたち

係の子がつくった成長診断ゲームを楽しむ子どもたち。

の反応や学級全体の反響を加えて考えていくことと思います。私はさらに、子どもの内側の〝変容〟を見つめる姿勢が大切だと考えています。あの場面で、子どもが何を感じ、どう変わっていったのか。それは、子どもの〝声〟を聞かなければわかりません。教師は、様々な方法で子どもたちの〝声〟をキャッチする努力が必要です。

子どもたちの振り返りは、教師自身の実践の振り返りです。教師の考察に、子どもたちの声を加えることで、振り返りは立体的なものになり、より豊かに自分の実践を束ねることができるはずです。

子どもたちに「学び」がずっと続くことを意識させて

方程式⑳ 残り○日

子どもたちに〝本気〟の話し合いを

「卒業まで○日」――3学期の始業式、私は必ず黒板にこう書き込み、子どもたちに残りの日数を数えさせます（他の学年のときは「終業式まで○日」）。おおよそ50日ですが、「あと3か月＝約90日」と考えていた子どもたちは、思いのほか少ない日数に驚きます。

「残り50日を○○のクラスにする」

私は続けてこのように黒板に書き、個々に考えさせます。それをもとにグループで話し合い、学級全体で発表し合います。最後の50日間、どのような学級にしていきたいか、一人ひとりに意識させたいからです。

「学年最後の学期だから、○○の学級にしよう！」と担任だけが熱く語っても、子どもたち一人ひとりの胸には届きません。「そんなこと言ったって、自分にはとうてい無理。達成できるはずがない」と投げ出してしまう子もいるでしょう。教師の思いを伝えるだけでは、どうしても単線のつながりに陥りがちです。

大切なのは、どんな学級にしたいのか、子どもたち自身に〝本気〟で考えさせることです。例えば「全員でＳＡ（スーパーA）を進む学級にする」など、到達点まであと少しの上位グループにいる子も、まだまだ努力が必要な子も、全員が理想の目標を掲げてきます。そこで、目標を達成するにはどうすればいいかを話し合わせます。

話し合いをする中で、やがて子どもたちから「こういうクラスをつくっていきたい。でも実は……」という本音が出てきます。本音は、目標に達することができるかという現状に対する不安、卒業後の中学校生活という未来に対する不安です。

子どもたちからは、中学校生活について次のような不安が出されました。

・今まで通りに成長できるだろうか
・自分らしさが出せるだろうか
・一人だけ違う中学校に進学するので、周りとうまくやっていけるか
・ずっと今のクラスのままがいい

5年生のときの話し合いでは、「クラス替えがある」「妹（弟）が入ってくるのに、自分は最高学年として見本になれるか心配」「中学受験を迎える」などの不安が出てきました。どうすれば不安を取り除くことができるか、さらに話し合いを続けさせます。

・「一人が美しい」を忘れない
・新しい友達にＳＡの道を教える

子どもたちは、これまで歩んできた成長の道をたぐりながら真剣に考えていました。個々が抱えている不安を吐き出し、クラスみんなで共有する。「自分の不安をクラスみんながわかってくれている」という安心感をもたせることがとても大切です。

小学校と中学校生活の違いの大きさについていけなくなる「中1ギャップ」が大きな問題となっています。個々が抱いている不安をどう克服すればいいか、みんなで話し合い、子ども自身に考えさせることは、「中1ギャップ」に対する予防になるのではないでしょうか。例えば、教師から3学期に「頑張ること」を2つ、「心配なこと」を1つ挙げさせるなどの指示を出し

てもいいでしょう。

3学期のこの時期、担任は「みんながまとまった学級を最後まで維持していこう」という意識が強くなります。しかし、子どもたちはこの先、担任の手の中から飛び出し、新しい世界を生きていきます。未来を見据える視点が大切なのです。

個々の不安を共有できる学級に

大人でも、自分が抱えている不安をさらけ出すのは難しいことです。ましてや、思春期の入り口に立っている子どもたちはなおさらのことでしょう。それでも、信じ合える仲間に対してならば心を開くことができるはずです。

子どもたちのエピソードを紹介しましょう。ある日の「ほめ言葉のシャワー」はSさんでした。Sさんは穏やかでいつも笑顔を絶やさず、みんなからも「クラスのお姉さんのような人」「縁の下の力持ちのようにクラスを支えてくれる」という評価を受けていました。そんなSさんが朝の質問タイムで、「秘密にしていたのだけれど、思い切って」と切り出し、「みんなは私のことをポジティブなイメージで受け止めてくれているけれど、本当はマイナス思考なんです。でもみんなの期待に応えられるよう、もっと前に進んでいきたい。そのことについて班で話し合

本音で話し合うことで、不安や不満を解消する道を模索する。

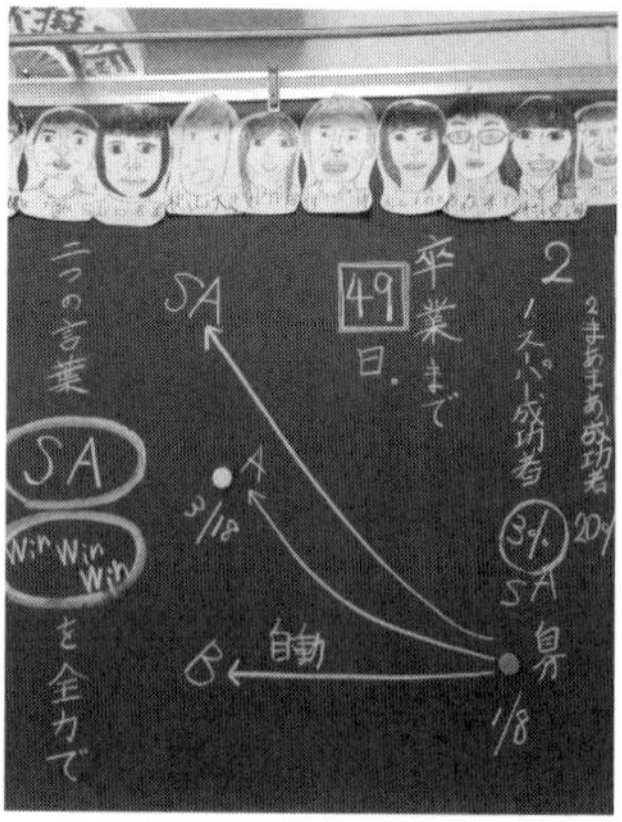

「卒業まで○日」は、子どもたちに残り少ない日数を意識させ、より一層の成長の意識づけに。

って質問してほしい」と告白しました。

Sさんに対し、子どもたちからは手厳しい意見が次々と投げかけられました。

「なぜ、今まで変わろうとしなかったのか？」

「自分はネガティブだと思っていた元にあるのは何ですか？」

きつい質問を受け、思わずSさんは泣いてしまいました。

「みんなの成長がすごく上のレベルで、自分は無理だと思った」「今の質問のように言われたとき、ポジティブなら別に大丈夫って思うかもしれないのに、私はどうして思い通りにならないのかなって思ってしまって……」と、言葉を詰まらせながら、Sさんはかみしめるように一言一言ていねいに答えていきます。

「さっきから、Sさんは自分の悪いところばかり言

自分の弱いところも思い切って出したSさん。みんなのきつい意見が出た話し合いの後の「ほめ言葉のシャワー」はいつにも増して温かかった。

っているけれど、自分でいいと思っているところは何ですか？」

「……よく笑うところです」

するといつもずばずばと意見を言うMさんがSさんに向けて話しました。Mさんは4年生まで荒れていて、「学校は勉強するところなんかじゃない！」と突っぱねていましたが、今は「一人も見捨てない」とみんなをぐいぐい引っ張っていく姉御肌の女子です。

「ネガティブだと悩んでいるのは、自問自答ができているということだと思います。こういうときにネガティブになった、こういうところが悪いんだ、って。それ自体が、Sさんが成長していることではないですか？　そう言えること自体がポジティブなことではないでしょうか？」

Mさんの質問を受けて、Sさんは「これを通して、できるようになりたいと思います」と答えました。

一見、とてもきつい話し合いの場面です。でも、本音で話し合うことができる子どもたちに、すごいなあと思わずにはいられませんでした。

信頼し合っているから、自分のいやな部分をさらけ出そうとする。それに対して、みんなも真剣に考え、ときには辛辣な意見を出しながら、ＳＡに進む道を探ってゆく。Ｓさんはもちろん、子どもたちにとっても、そして何より私自身にとって、貴重な話し合いの体験でした。

集団から、再び個の学びに返る

1学期、教師は一人ひとりの子どもとつながることからスタートします。よいところをほめ、その子らしさを認めて、学級が安心できる場であることを実感させ、どのような学級集団にしていくのか子どもたちと話し合いながら目標をつくりあげました。縦のつながりができた1〜2学期にかけては、子ども同士の横のつながりに力を入れ、学級集団としての成長を意識させてきました。個人の学びから集団の学びに目を向けさせていったわけです。

そして3学期は、学級の仲間とのかかわりによって自分やみんながどのように成長したのか、4月に掲げた学級目標にどれだけ到達できたのか、学級全員が1年間学び合ってきた「○年○組」という学級についての振り返りを行っていきます。集団の学びの集大成とも言えるでしょう。

しかしここ最近、私はさらにもう一歩進んだ視点が必要だと考えるようになりました。個人から始まった学びは集団での学びに広がり、やがてまた個人に返っていくのだ、と。

3学期の半ば、朝の質問タイムのときにNさんが自分を振り返って話しました。

「私は4年生の頃、野口さん（まんが『ちびまる子ちゃん』に登場する地味で暗い女子）と呼ばれていましたが、5年生になってから、ほめ言葉のシャワーや質問タイム、話し合いの授業など多くのことを学んで変わりました。特に、相手軸に立つことの大切さを学びました。

私はみんなと違う中学校に進学します。中学生になったら、もしかしたらリバウンドすることがあるかもしれません。まだ、自分のことを十分信じ切れていない部分もあるからです。でも、人は大人になっても成長しつづけていくものだと（菊池）先生に教わったので、私は、自分を成長させられるようになりたいと思います」

子どもたちは3月末に今の学級を離れ、4月には新たな学びの場へ向かいます。そして翌年にはまた新たな場へと向かう。人はずっと学び続け、考え続けていくのです。だから、この1年間でSA（スーパーA）になれなくても、大人になってSAになってもかまわないのです。

教師の仕事は単に知識を与えるのではなく、子どもたちに「考え続ける力」を身につけさせることだと思っています。それは未来を語ることができる力だと思います。そのためには、この学級で学んだことを振り返り、今後自分が進むべき道はどうあるべきなのか、自分の内面をしっかりと見つめ直すことが必要です。

学級全体の振り返りだけでなく、こうした学びの振り返りを、子どもたち個々に返していくことも、また大切なのです。

価値語は、学級全員が共有する文化

方程式㉑ 価値語100

言葉は実体験を求める

「クラスの雰囲気は□□で良くも悪くもなる」

□□には何が当てはまるでしょう？　２０１５年12月、教育バラエティ番組『世界一受けたい授業』（日本テレビ系列）に出演しました。これはそのとき、私が取り組んできた実践をもとに出題された問いです。

答えは……そう、「言葉」です。成長に向かっている学級にはプラスの言葉があふれています。一方、荒れたクラスにはマイナスの言葉が飛び交っています。人は誰でも新しい言葉を知ると使いたくなるものです。言葉は実体験を求めるのです。つまり、プラスの価値ある言葉を、子ども一人ひとりの心の中にどれだけ届かせることができるかが、学級づくりを大きく左右すると言えるでしょう。

子どもが自らを奮い立たせるよう、私は4月から節目ごとにいくつかの進むべき道を示してきました。8年ほど前に取り組み始めた頃は、成長するAと現状のまま滞っているBの2つの道でした。しかし、5年前からAのさらに上を行くSA（スーパーA）という3つめの道が出てきました。斜めに伸びていく直線のAの道に対して、SAは途中からぐんと加速して上がっていく曲線です。自分一人の成長をAとするなら、SAは自分だけでなく学級全体を考え、みんなで成長していこうとするものです。SAは、子どもたちとのかかわりの中で生み出された言葉です。さらにその2年後、子どもたちから「SAのその先へ」という価値ある言葉が生まれました。

こうした価値語は、学級全員が共有する文化です。価値語とは、単に既存の言葉を指すだけでなく、子どもたちとともに創り出していくものでもあります。まさに、「言葉は生き物」だと言えるでしょう。

教師の指導から子どもたちの活用へ

私が価値語に取り組むようになったのは、8年ほど前のことです。6年生を受け持ち文集づくりに取り組んだとき、子どもたちに自分の好きな文を挙げてもらうことにしました。「話し合いは戦だ」「私、します」など、1年間みんなでともに学んできた価値ある文がいくつも並びました。

さらに翌年には、自分が印象に残っている価値語を使って、色紙に相田みつを風に文章をまとめました。

・「集団」一人で行動できる人の集まり。
・納得解　みんながつながる　一つにまとまる。
・「会釈」ってさあ　さりげなくやるのがいいんよね。うん。

子どもたちは、教室の壁に貼り出された力作を満足げに眺めていました。

さかのぼって私が20代の頃、ことわざを学習していたときに何人かの元気な男子たちが「〈二階から目薬〉を実際にやってみよう！」と言い出しました。2階から目薬を何度か垂らすうちにおでこに当たり、みんなで大喜び。学級には「二階からおでこ」なることわざが流行りました。他の学級の子が聞いても何のことだかわからない、うちの学級だけのオリジナルです。今思えば、この頃から、自分の学級ならではの価値語を子どもたちに意識させるようになったのかもしれません。

価値語はもともと、子どもたちにピリッとした緊張感をもたせたいときの言葉がけでした。いわば、指導のために使用していたものです。それを子どもたちが「菊池語録」として活用するようになり、やがて子ども自身が考えるようになっていきました。

価値語は毎年、私の中に蓄積され、新しい学級で指導していきました。そこでまた新たな価値語が生まれることを繰り返し、年を重ねるごとに少しずつ増えていったのです。

揺り動かされた心が価値語を生み出す

価値語はおおよそ、次のような流れで指導していきます。

・1学期……教師が価値語を示す

例　問題を出す前に、「すぐに『できん』『知らん』『わからん』と言う人がいます。これを『バカの三拍子』と言います」と話し、子どもたちに言わないよう促す。

・2学期……子どもたちがつぶやいた価値ある言葉や場面を取り上げて、学級全員に広げる

例　ある女子が、乱雑に掛けてあった雑巾を黙々と整頓して並べていた姿を撮影し、写真を見せながら、「一人が美しい」という価値語を教える。

・3学期……子どもたちから自発的に価値語が生まれてくる

例「3学期の残りの日を、私はSAのその先を目指します！」

3学期は特に、子どもたちが価値語を意識する時期です。子どもたちがアンケートを取り、心に残った価値語を集めたこともあります（表参照）。子どもたちはさらにその中からベスト10をつくろうと集計を取りましたが、見事なほどバラバラな結果になりました。一人ひとりにとって、その価値の重さが異なるのだから当然です。

価値語は、ベスト1を決めるよりも数を出す方が重要です。学級で生まれた数々の価値語を挙げながら、自分に一番当てはまるものを自分自身に問いかけることが大切なのです。

具体的なエピソードを紹介しましょう。

「一人も見捨てない」――6年生のMさんは2学期から、こんなキャンペーンを始めました。

Mさんは、4年生まで荒れていた女子です。「授業中でも隣のクラスに遊びに行ってたし、私が原因のけんかが一日に3回は起こっていた」と振り返るほどで、いわば学級の荒れをつくりだしていた〝張本人〟の一人です。周りの子たちも、そんなMさんに冷たい視線を送ってい

菊池学級の価値語 100

1．ディベートは人と意見の区別
2．Dの言葉とYの言葉
3．「まっ、いいか」
4．全力疾走
5．下剋上
6．マネしろ！
7．我武者羅
8．「メリハリ」をつける
9．5W1Hを外すな
10．プラン・ドゥー・シー
11．美しい涙
12．引用力をつけろ
13．ディベートは納得解で終わろう
14．質問タイムは「きくこよね」で質問しよう
15．公は、公的話法で話そう
16．バカの三拍子は言わない
17．話し合いは、ニューアイデアを出すためにある
18．教室に入る時は仮面をかぶる
19．公の場で成長を示せ
20．遊ぶときは無邪気になれ
21．若竹のように伸びろ
22．克己心を持て
23．全力疾走の日々を送れ
24．潔い
25．いい意味の二重人格
26．SA
27．凜々しくあれ
28．凜とした態度
29．公の場で通用する人になろう
30．自己開示
31．公共の福祉が守れる人に
32．他己中
33．臨機応変
34．切り替えスピード
35．自力本願
36．正々堂々
37．たかが○○、されど○○
38．人と意見を区別する
39．薀蓄を傾ける
40．一人ですばやく全力で
41．不可視の世界
42．空白の1分間を黄金の1分間にせよ
43．一人が美しい
44．リセット
45．超一流
46．もし思考を広げる
47．非日常
48．有終の美を飾る
49．静寂
50．SAのその先へ
51．公へのパスポート
52．競い合うのが成長だ
53．集大成へ
54．観察力を磨こう
55．全員参加をしよう
56．出る声を出す声にしよう
57．「生長」ではなく「成長」に
58．学校に来たら仮面
59．人に正対せよ
60．公の場に出よう
61．素直なAのバケツになろう
62．恥ずかしいと言って何もしないことを恥ずかしいという
63．見える化しよう
64．腐ったリンゴになるな
65．引き上げる人になろう
66．不可視を見抜く
67．出席者じゃなく参加者になれ
68．10歳の壁を越えよう
69．話し合いの時は、正・反⇒合
70．一人がさぼっていたら二倍がんばれ
71．不格好の美しさ
72．自分らしさを出そう
73．牛のよだれにならない
74．テキパキスピーチ
75．WIN／WINの関係
76．成長を示す（自分のよさをみんなに見せる）
77．公の世界で社会の力を出す
78．いい意味でバカになれ
79．価値ある無理をせよ
80．努力して美しい涙を流そう
81．ガラスの心臓にならない
82．心のバランスをとろう
83．必要な時に一人が美しいをする
84．正しい叱られ方で叱られよう
85．無邪気な自分になろう
86．コミュニケーション力を高めよう
87．自分のことを大好きに
88．500円玉をかせげ
89．超一流になろう
90．自己紹介の達人になろう
91．沈黙の美しさ
92．かっこよく去れ
93．教室の3条件
94．学び合いは寄り添い合うこと
95．ラベルを決めて端的に話せ
96．教室は家族です
97．スマイリー村上
98．価値語を増やせ
99．子どもらしさ
100．成長曲線を加速させよう

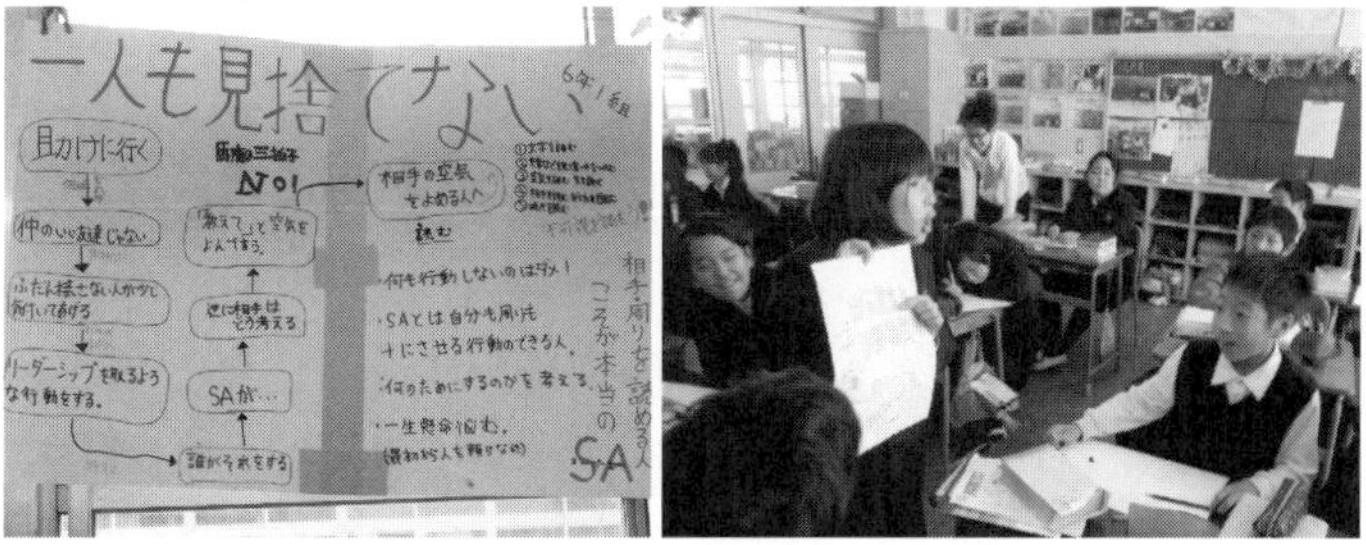

「一人も見捨てない」キャンペーンに取り組んだMさん。彼女の言葉が、6年1組を代表する価値語の一つになった。

ました。5年生になったMさんは自分を省みるようになり、めきめきと成長していきました。話し合いの授業では自分の意見をはっきりと述べ、みんなを牽引していくようになりました。

自業自得とはいえ、4年生のときに周りから相手にされずつらい思いをしてきたMさんは、「誰一人も見捨てず、6年1組全員で成長していこう」と心に強く誓ったようでした。キャンペーンを掲げ、困っている子のそばに行ってはサポートをしていました。この行動は共感を呼び、やがて「一人も見捨てない」は学級のスローガンのようになっていきました。Mさんが最も心に残った価値語は、もちろん「一人も見捨てない」です。

一方、Uさんが選んだ価値語は「スルーする」でした。Uさんは、何事にも一生懸命に取り組み勉強もよくできる明るくハキハキとしている女子です。

「必要以上にかかわるのではなく、スルーすることも大切」

と言うUさんとMさんは、お互いの価値観の違いを真っ向からぶつけ合いました。

Mさんが「スルーされてきた経験がある私は、こぼれそうな子にはかかわりたい。みんなにもそうあってほしい」と言えば、Uさんは「本人が気づかない限り成長できない。周りがすぐに助けたら、甘えて自分で考えなくなってしまう。安易に助けるよりもスルーして本人に自覚させることの方が大切だと思う」と反論しました。それぞれが〝自分らしさ〟を前面に出した討論は、どちらも正しく、一つの答えはありません。価値観の違いは、一人ひとりが背負ってきたものの違いでもあり、それが〝その子らしさ〟をつくりだしているのです。

揺り動かされた心が価値語を生み出しているのであれば、一人ひとり違って当然です。そしてその違いを理解できるのは、一緒に学び合った子どもたちなのです。

教師がいくらうわべだけの価値ある言葉を並べても、「ふーん、そうか」と流されるだけで、子どもたちの心には響きません。言葉は実体験があってこそ、心に響くのです。

「二階からおでこ」の意味を知っているのは、その言葉を創り出した学級だけであるのと同じように、価値語の真の意味を知っているのは、ともに学び合った学級だけなのです。

最後まで〝真剣勝負〟の場を仕掛ける

方程式㉒

試練の10番勝負

〝学級の成長〟を形にすることが大切

終業式まであと1か月を残したこの時期になると、様々な場面で1年間の振り返り活動に取り組んでいる先生方も多いのではないでしょうか。特に卒業式を控えた6年生ならなおさらのことでしょう。

1年間の集大成として、一人ひとりの作文を学級文集としてまとめたり、自分新聞をつくったり、楽しかった遠足や頑張った運動会、みんなで協力し合ったことを振り返ったり……。1年間のまとめはもちろん大切ですが、「みんなで頑張ったね！」という思い出探しになり、どうしても情緒に流されがちです。雰囲気だけ盛り上がった〝儀礼〟が悪いとは言いませんが、それよりも、みんなで学んできた〝学級の成長〟を形にすることの方が大切です。

これまで私もいろいろな振り返りを行いました。1年間学んできた集大成として、学級新聞やコミュニケーション大事典の作成などに学級全員で取り組んできました。これらは、話し合いを軸とした学級の〝学び〟の事実を形にしたものです。中でも印象に残っているのが、「試練の10番勝負」です。

最後の2週間を、話し合いの〝試練〟に

「試練の10番勝負」は、プロレスのジャンボ鶴田選手の名勝負から命名しています（笑）。1970年代当時、全日本プロレスの次期エースとして期待されていた鶴田選手をもっと強く成長させるため、世界の強豪選手10人と戦わせた試合がありました。それと同じように、学級の子どもたちをさらに成長させるため〝試練〟の場をつくろうと考えたのです。

〝勝負〟は、卒業式（または終業式）の約3週間ほど前にスタート。行事などでできない日もあるため、予備日を設けておきます。この間は毎日、私が出す「問いかけ」について、各自が成長ノートに意見をまとめ、ときには、全員が黒板に一言ずつ書き出し、話し合います。テーマづくりはおおよそ次のように考えました。

・第1戦は、子ども自身にとって、このクラスはどんなクラスだったのかを考えさせる。
・ある子どものエピソードを示し、そこから学級全体の成長につなげて考えさせる。
・「ほめ言葉のシャワー」や係活動など、この学級で様々な体験を通して培ったことを考えさせる。
・最終戦は、私が力を入れてきた指導である「言葉の力」について考えさせる。

このようにして、ある年度のテーマは次のように組み立てました。

第1戦「私にとって6年1組とは何だったのか？」
第2戦「Wさんのチョンマゲは何の象徴なのか？」
第3戦「成長ノートは私の何をどう育てたのか？」
第4戦「なぜ、6年1組は話し合いが成立するのか？」
第5戦「言葉（価値語）を得て自分はどう変わったのか？」
第6戦「6年1組を漢字一文字であらわすとしたら何か？」

連日子どもたちの白熱した話し合いが続いた「試練の10番勝負」。

第7戦「『ほめ言葉のシャワー』は、なぜ6年1組を変えたのか？」
第8戦「6年1組の特徴・特長は何か？（生活編）」
第9戦「6年1組の特徴・特長は何か？（授業編）」
第10戦「言葉の力とは何か？」

第2戦で登場したWさんは、友達とつるんでは何かと教師に反抗していた女子で、いつも前髪を垂らして顔を隠していました。6年生になって徐々に自分を素直に出すことができるようになったWさんは、ある日、前髪をリボンでキリッと結んですっきりとおでこを出して登校してきました。その姿を、私は「侍のちょんまげ」に例えたのです。

また、ある年度は次のようになりました。

第1戦　ほめ言葉のシャワーで、SA（スーパーA）とはどのような行為がとれる人か。
第2戦　リバウンドしないでSAのその先に行くために必要なもの。

第3戦　5年1組を漢字一文字、四字熟語であらわす。
第4戦　S君の成長から学ぶべきことは何か。
第5戦　対話力アップ　価値語と私。
第6戦　仲よくなれたヒミツは何か。
第7戦　5年1組の特長・特徴は何か。～生活編～
第8戦　5年1組の特長・特徴は何か。～学習編～
第9戦　「係活動」は5年1組にとって何だったのか。
第10戦　「言葉」の力とは何か。

一つも手を抜くことのできない〝真剣勝負〟の毎日です。

自分に自信をもち、新しい道に進む

最初に示した6年1組のエピソードを紹介しましょう。
2学期、国語の読み物教材「やまなし」で、「谷川の深さはどれぐらいか」について話し合いを行いました。教科書や資料から各自どれぐらいの深さなのかを考え、おおよそ2つのグループに分かれたところで、双方の意見を戦わせました。自分たちの正当性をぶつけ合い、お互いに一歩も引きません。教室は躍動感といい意味での緊張感にあふれ、まさに白熱していました。

そんな話し合いの最中、女子3人が休み時間に雑談をしていました。

「うちら3人、立場が違うのにこうして笑って話しているのって、何だか不思議」

「ホントだねえ」

3人は笑い合い、そして次の授業では再び意見を戦わせていました。

この3人は、いわゆる仲よしグループではありません。むしろ5年生の頃は全く接点がなかった子たちです。

勉強ができたHさんは、仲がいい子と悪い子への対応が極端に違ったり、教師に注意されると素直に反省したそぶりを見せながら、陰では「あいつウザイ！」とつぶやくような子でした。一方、Yさんは家庭に厳しい問題を抱え、露骨に反抗するタイプの子でした。地域の祭りに茶髪で参加し、祭りが終わっても茶髪のままで登校していました。Fさんはまじめでおとなしいタイプで、我が強い子たちが学級で幅を利かせる中、自分を出せずにいました。そんな3人がともに学び合ううちに、いつしか信頼関係で結ばれていったのです。

さて、「試練の10番勝負」の4戦目「なぜ、6年1組は話し合いが成立するのか？」に取り組んだときです。休み時間の話し合いを思い出したのでしょう。Hさんが「意見を変えるとき、今までは負けた気がしていやだったけれど、たくさん話し合いをして、潔く変えることの大切さを学んだ。だから、授業では敵同士で言い合いをしても休み時間には笑顔で話せたのだと思う」とまとめていました。Yさんは「以前は、反対意見を出されたら『なんなん、あいつ』とうらんだけれど、今は『あっ、そうかあ』『うーん……違う気がするなあ』と考えられるようになった」と、Yさん自身の成長を感じさせました。

そしてFさんは「話し合いが成立するのは、自分なりに意見を出せるから。そして自分を信じてくれる友達がまちがいを教えてくれるから。だから次の話し合いへとつながっていくと思う」とまとめ、「先生はどう思いますか？」と私に逆質問をしてきました。私は積極的になったFさんを頼もしく感じながら、返事を書きました。

「みんなが人間を好きになったからだと思います。自分のこともみんなのことも。自分らしさを出せる、出し合って認め合える。だから、人と論の区別もできる、楽しめる」

閉ざされた人間関係から話し合いを通して信頼関係を築き、3人3様、いや34人34様に、それぞれが答えを見つけていったのです。「こんなに深く受け止めていたんだなあ」と改めて子どもたちの可能性を感じ、学級への〝敬意〟の気持ちが強くなりました。

最初にも述べましたが、1年間の思い出を振り返るだけのまとめ活動にしてしまったら、そこで子どもも教師も立ち止まってしまいます。学級の最後の1秒まで成長させるのだ、という姿勢が大切です。そこにはもちろん、教師自身の成長も含まれます。

「試練の10番勝負」は、子どもたちのみならず、教師自身の〝試練〟でもあります。1年間の成長を子ども自身に可視化させるために何を問いかけるか、的確な発問をいくつも考えなければなりません。子どもたちから出てきた意見をもとにどのように話し合いを進めていくか見通しを立てることも必要です。ときには子ども同士のぶつかり合い、あるいは教師自身の指導のあり方を考えさせられる場面も出てくるでしょう。

連日の話し合いを通して、最後は学級で培った信頼関係を再認識し、自分たちが体験してきたことを価値づけする。「これだけ学んだ実績があるのだ」と自信をもつことで、一人ひとりがそれぞれ新しい道に進んでも大丈夫だと安心感をもたせることができるのです。

卒業式の日、ある子が「6年1組が終わるのがもったいない気がする」と話していました。「さびしい」「つまらない」ではなく、「もったいない」。教師にとって、これほどの子どもたちからのほめ言葉はありませんでした。

子どもたちの意見がびっしり書き込まれ、真っ白になった黒板。

《第3章》
貧困の現場から考える3つの解法

貧困に窮した子どもへの取り組みは待ったなしだ。学習環境をいかに整えるか、家庭の問題をどう解決するか……。学級経営、学校経営、地域・関係機関との連携、3つの視点から具体的な取り組みを見ていくと、1つのキーワードが浮かび上がった。それは、子どもの「自己肯定感」を高めること――。

学級集団の力を育て、「心の貧困」からの脱却を

学級経営の視点から

見えにくくなった「子どもの貧困」

「将来、セイホ受けるから仕事なんかせん」——小学6年生の男子の言葉です。

「セイホって何?」と聞き返した私に、彼は「生活保護のことやん」と平然と答えました。給料の話をしたとき、その男子が「給料ってなあん?」と尋ねたので、「仕事をして得るお金のことだよ」と答えた後の言葉でした。その子の家庭は生活保護を受けており、親は働けないのではなく、むしろ〝働かない〟ことを、わが子に自慢げに話していたのでしょう。そのとき、私はびっくりすると同時に、〝貧困〟の根深さを感じました。

現在、日本の子どもの6人に1人が貧困状態にあるといいます。35人学級なら5~6人くらいの子どもが該当することになります。確かに大きな問題だと思います。

しかし、ずっと以前からどの学級にも貧困家庭の子どもはいました。それでも、「セイホ受けるから」などと答える子どもはいませんでした。

最近、次のような子どもの姿が気になるように感じます。

①生活習慣が身についていない

②教師や周りの大人を信頼していない

子どもの親に目を向けてみると、同様の傾向が見られます。つまり、親のマイナス部分が子どもに受け継がれるという負の連鎖が起こっているのです。

保護者懇談会などで顔を合わせると、「うちの子、授業についていけてますか？」と、一見普通の会話をしている母親が、帰り道に公園でわが子を見かけるや、「きさま、何しとるんや、こんバカが！」と怒鳴っていたり……。靴下を脱ぎ散らかしたままにする子や給食の食器に顔を突っ込んで食べる子……家庭の生活習慣をそのまま教室に持ち込んでも、何とも思わないのです。とはいえ、その子にとってはそれが日常なのであれば、疑問に思わないのも無理はありません。背筋を伸ばして座ることができない子に、「ちゃんとせえ」と注意するだけでは、何の解決にもならないのが現状です。

昨今の貧困は、教師から見えにくいものがあります。以前勤務していた学校は、標準服の着用だったため、みんな同じ服装でした。食費に事欠いても、子どもに携帯電話や高価なゲーム機を与えている家庭もあります。保護者に「何とかするように」と注意しても反感を買うだけ、むしろ不信感をもたれてしまいます。

経済的に厳しいのならば、就学援助費の支給など、生活環境を整える救済方法はあります。でも、嗜好品などの〝モノ〟はあるのに、生きていくために大切な〝もの〟はない――これらのことを考えていくと、現代の貧困の一番の問題点は、「心の貧困」にあるのではないでしょうか。

子どもが変われば、親も変わる

様々なところから講演に呼ばれ、気になる子どもについて話をする機会が多くなりました。「学用品など、必要最低限のものが揃っていない」「やんちゃで手を焼く」「集団生活になじめない」等々、子どもの貧困が話題に上ることもあります。

学校だけで解決するには限界があり、地域や関係機関など外部との連携が必要だという話もよく聞きます。それも、中途半端な連携ではまったく役に立たない、と。

以前、勤務していた学校のある学年でこんなケースがありました。

ちょっとしたことがきっかけで友達とトラブルになり、学校を休むようになったEさん。父親も「もう学校に行かんでいい」と短気を起こし、そのまま不登校に。その間、日常的に暴力を振るう父親に耐えきれず、母親は家を出てしまいました。担任をはじめ、校長も家を訪れたのですが、父親に阻まれてEさんに会うことができずにいました。一度だけ友達に「お母さんが出ていっちゃった。助けて」とメールを送ってきたことから、慌てて教師が駆けつけるも、「Eは今寝ているから」と言われ、会うことができませんでした。まったくEさんに接触できず、「もしや」とEさんの身の危険を感じた学校は警察に相談。しかし、事件性がないことから家に踏み込むことができず、何とかマンションの防犯カメラを見せてもらい、録画に残っていたEさんの姿を見つけて生存確認が取れました。その後、児童相談所が間に入り、Eさんは一時保護措置が取られることとなりました。

このほか、生活保護費の支給日だけ、子どもを定時に学校に送り出す家庭もあれば、母親がわが子に万引きを強要していたケースもありました。こうなると、学校だけで何とかなる問題ではありません。

だからといって、私たち教師は「貧困問題は教室では解決しきれない」とあきらめてしまっていいのでしょうか。

私は、子どもの成長がその後の生き方を大きく変えると信じています。子どもは、自分自身の力はもちろん、周りの子どもたちの力によって大きく成長します。子どもが学級を育て、学級が子どもを育てるのです。

子どもの貧困について、担任は次のことを肝に銘じて指導に当たることが大切です。

①子どもに責任はない

②教室では、みんな一緒
③子どもは変わる、と信じる
④集団が変わらなければ、その子も変わらない

その子個人へのかかわりだけでなく、学級という集団そのものを育てていくことが必要です。集団を変えることは、学校でしかできないことなのです。

そして、子どもが変われば、親も変わります。ある男子の成長が、そう確信させてくれました。

親も子どもも、限られた人間関係の中で暮らしていく

小学5~6年生の2年間受け持ったS君は、中学生の兄、母との3人暮らし。父親とは離婚しており、母親は生活保護を受けながら、パートに出ていました。

親が家を空けることが多く、S君の家は不良中学生のたまり場になっていました。子どもたちが喫煙していても黙認どころか、母親もベランダで一緒に喫煙。当時小学4年生だったS君も、兄の仲間と一緒にたばこを吸っていました。

夜遅くまで遊んでいるS君は、朝起きることができず、毎日遅刻を繰り返していました。教室に来ても、机に突っ伏して寝ているか、ボーッと座ったまま。授業もろくに聞かず、家庭で

学習する環境も整っていないS君は当然、学習についていくことができません。

校内でも、同じような生活環境の仲間とつるみ、少しでも気に入らないことがあれば、手を上げたり暴言を吐いたり。教師に叱られると、ぷいっと学校を飛び出していくことも少なくありませんでした。今考えると、学級からいなくなることで、クラスのみんなに〝できない〟ことを隠そうとする自信のなさの表れだったのでしょう。教師や学級の仲間に対して不信感を抱いているS君は、気が合う数人としかつながりをもちません。とても狭い社会の中で生きていました。

もともと地元の友人同士だった両親は、若くして結婚し、S君の兄とS君が生まれたといいます。結婚前も結婚後もずっと地元で生活を送り、生活の全てが狭い地域に収まっていました。それまでのS君の生活も、親と同じ道をたどっていました。

このように、限られた世界で限られた交友関係しかもたない親に育てられた子どもたちは少なくありません。当然、子どもも限られた人間関係の中で暮らしていくことになるのです。

いいところを見つけてほめる

小学5年生になった4月。S君は、派手な柄が入ったジャンパーにダボッとしたパンツで登校していませんでした。標準服を持っていなかったのです。学用品も道具箱もノートすらもろくに持たずにいたため、最初の頃は、授業のたびにA４の用紙を渡し、それに書かせていました。

コミュニケーションを核にし、一人ひとりが成長した道を進む学級づくりに取り組んでいた私は、まず子どもとつながるため、一人ひとりのいいところを見つけてほめることから始めました。特に、問題を抱えている子どもたち、とりわけS君のいいところを学級みんなに広げていくようにしました。一瞬でもこちらに視線を向ければ、「S君は今、先生の方を見て話を聞いていましたね。一生懸命さが感じられます」とほめ、机に向かっていれば「やる気があるね」とほめ、「先生はS君のことを見ているよ」という姿勢を見せてきました。

教師と子どもの縦の糸がつながったところで、子ども同士の横の糸をつなげていく取り組みを始めます。

5月、「ほめ言葉のシャワー」をスタートしました。「ほめ言葉のシャワー」は、一人ひとりのいいところを見つけて、クラス全員がほめ合う活動です。一人一枚の日めくりカレンダーで、その日にちを描いた子が帰りの会で教壇に上がり、クラス全員からほめ言葉の〝シャワー〟を浴びるのです。5月頃から開始し、1年間でおおよそ5巡できます。

まだ表面的なものですが、みんなからほめてもらったS君は、はにかんだような照れくささそうな笑顔になりました。他の子に向けたほめ言葉も、いつも一番最後になりながらも、何とか発表していました。

認めてもらえる「大人」の存在

学級の仲間に認められ始めたS君に、A君という友達ができました。当初、A君の母親は、問題を起こしているS君とわが子が親しくなることを警戒していたといいます。A君の家に初めて遊びに行ったとき、S君は何も言わず、家に上がろうとしました。A君の母親はS君に、「あなたの名前は？」とピシッと尋ねました。今まで誰かの家に行ったとき、名前を聞かれたことも挨拶したこともなかったS君はびっくりしたものの、素直に名前を言い、靴を揃えて上がりました。

その後、遊びに行ったとき、きちんと挨拶して手を洗い、ときにはA君の母親を手伝うこともあったといいます。

「きちんと挨拶をしなさい」という言葉は、それまでも学校で口うるさく言われてきたS君。学校という場では受け止められなかったことが、友達のお母さんという新しい世界の大人によって受け入れられたようでした。「自分がちゃんとすれば、認めてもらえる」大人の存在は、S君にとって大きかったのでしょう。それからも、A君の母親は何かとS君を気にかけてくれました。

素の自分を出せるようになった

学級のみんなに認められるようになると、S君はできることから少しずつ取り組むようになり、彼なりの頑張りを見せるようになりました。

例えば、朝読書の時間に図書室に置いてあった織田信長の学習まんがを読み始めたS君は、戦国時代に興味をもつようになりました。初めて勉強に関心をもったS君をうんとほめて認めました。一方で、やる気を見せなかったり自分勝手な行動を取ろうとしたときは、学級全員に「S君の行為をみんなはどう思うか？」「やる気がないS君をほったらかしにしておくのは、学級みんなで成長の道を進んでいることになるのか」と学級全員に問いかけてきました。

しばらくして、S君の母親から「うちの子、今のクラスや先生に興味をもっているようです。今までと違います！」と電話がありました。家に帰ってから学校のできごとを話しているのです。今まで叱られることばかりでほめられたことがないS君のような子どもは、ちょっとほめられた程度では、わざわざ家庭で話すことはしません。教師から、そして学級のみんなと日常的にほめ合う中で、自分も変われるかもしれないという期待と喜びを家族にも伝えたくなったのでしょう。

Ｓ君の成長を実感した母親も少しずつ変わってきました。学校にあった不用の標準服を借りて着るようになり、茶色く染めていた髪の毛も元の色に戻し、小学生らしいヘアスタイルに落ち着いてきました。

また、各自机の中に入れておく道具箱を母親が揃え、Ｓ君に持たせました。もちろん、学習ノートも用意しました。親の意識が子どもに向けられるようになったことを嬉しく思いました。

標準服を着るようになって、彼がいつも長袖を着ていたもう一つの理由にみんなが気づきました。肩から腕にかけてある大きな傷を隠していたのです。幼い頃、父親から虐待を受けてつけられたものでした。傷が見えても気にしなくなったのでしょうか。それは、友達に認められ、素の自分を出せるようになった証しのようにも見えました。

過去を見つめ直し、未来を語る

６年生の半ばになると、Ｓ君はいい意味で目立たなくなってきました。社会科では日本の歴史に興味をもち、戦国時代の授業になると、真っ先に手を挙げて発言するようになりました。

そんなＳ君がある日、Ｔさんのほめ言葉のシャワーで、ほめ言葉に続けてこんな発言をしました。このクラスは半分が持ち上がりですが、Tさんはこの年度から受け持ったばかりで、みんなからスタートは遅れたものの、少しずつ成長を見せ始めていました。

「ぼくも4年生の頃、Tさんと同じように反抗していきがっていました。悪い人たちとつるんでたばこを吸っていたこともあります。でも今は違います……」

人は、誰かに認められることで、初めて自分を認められるようになります。6年1組という集団の中で自己肯定感を高めたS君は、初めて自分の過去を見つめ直し、みんなに語ることができるようになりました。

卒業間際、地元の中学校へ進学するS君は、私学へ進学するA君に言いました。

「また、高校で会おうぜ」

今まで、毎日が精一杯で将来を語ったことがないS君が初めて未来を語った言葉です。その後、中学生になったS君は、私のセミナーに元6年1組のメンバーとして参加してくれました。大勢の大人を前に、自分の考えをはっきりと述べていた姿が印象的でした。

社会には様々な境遇の人がいます。教室も同じで、いわば社会の縮図といえるでしょう。悪い仲間のもとでは自分も悪くなり、良い仲間の中では自分も成長する。心が豊かになり、ありのままの自分を素直に出せる生き方を知れば、その後の未来につながっていくと信じています。

受け持った最初の頃のＳ君

「ほめ言葉のシャワー」を受けても、表情が硬い。

ノートも持たず、メモ用紙に学習内容を写す。

授業中、ノート代わりの紙はくしゃくしゃに丸めて放りっぱなしだ。

変わり始めたＳ君

学級の仲間とのかかわりも増えてきた。

母親から用意してもらった学用品箱にきちんと整理しながら片付け。

自分のノートに、名前を嬉しそうに書き込む。

成長したＳ君

「ほめ言葉のシャワー」にも素直な笑顔で応える。

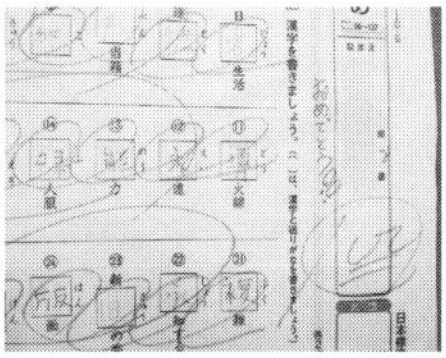
その結果、見事100点！

一生懸命、漢字の書き取りを勉強中。

あとがき

２０１５年３月に小学校を退職してから約1年半が経ちました。この間、全国から講演の依頼をたくさんいただきました。授業をリクエストされることも多く、保育園・幼稚園児から中学生まで、様々な子どもたちに出会いました。ほとんどが1回限りの特別授業で、１時間1時間がまさに真剣勝負。どれだけ子どもたちに学ぶ楽しさを感じてもらえるか、私にとっても大きな勉強の機会になりました。

特別授業では、いつもの担任の先生とは違う先生（菊池）が訪れ、いつもと違う授業を行うことになります。教師と子どもたちの関係性はないし、一人ひとりの子どもたちを理解しているわけでもありません。特別授業を行うとき、私は1時間の中での子どもの変容を見ていきたいと考えています。

1時間の子どもの変容とはどんなことか。自分に対して「ぼくもみんなの前で発表できた」、他者に対して「ふーん、そういう考え方があるんだなあ」というような〝発見〟や〝気づき〟

ではないでしょうか。

嬉しいことに、ほとんどの子どもたちは、「どんな授業なんだろう」と期待し、プラスの気持ちで構えてくれています。そこで、私は少しでも多くの「価値語」を示しながら子どもたちの行動や意見をほめるようにしています。

私の発問を受けて手を挙げた子たちを「指先がピシッと天井を向いていますね」「素早く席を立ちましたね」とほめるのです。何となく話を聞いていた他の子どもたちは、「へえ、そんなことでほめてもらえるんだ」と、次の発問からは積極的に取り組むようになります。

先生方から「うちのクラスはスピードが遅い」「ちゃんとした文章で話すことができない」といった悩みを聞くことがありますが、スピードが遅ければ速くなるような言葉がけをすればいいし、語彙や文章力が乏しいのであれば、言葉をどんどん浴びせればいいのです。子どもに「もっと知りたい」という欲求をもたせるには、こうした小さな指導の積み重ねが大切なのです。

全国を回って先生方の話を聞きながら、私が強く感じたのは、知識の習得に重点を置いている学校や教師が多いなあということでした。

「教師が知識を教える」という〈教化〉の授業観では、点数や技能の獲得という数値化されるものを基準にし、子どもに対してできたか・できないかで考えるため、どうしても減点法で見てしまいがちです。

一方、「公社会にふさわしい人間を育てる」という〈感化〉の授業観では、1年後の子どもの成長を見据え、長い目でとらえていくことになります。子どもの変容・成長に評価の力点を置くことになるため、認める観点がいくつも見つかります。たとえ小さな変容でも、その子にとっては大きな成長ととらえられるからです。こうした不可視のいいところをいくつも見つけ出してほめることが、その子らしさ＝個性を認めることにつながります。

私は、〈感化〉を重視して学級づくりを行う場合、次の４点が必要になると思います。

①年度初めから、「子どもは絶対に成長する」と信じ、教師としての覚悟をもつこと
②どういう学級にするか、はっきりとしたゴール像をもつこと
③１年間の見通しをもって指導していくこと
④指導は、子どもたちの様子を見ながら柔軟に修正し、改良していくこと

どれも当たり前のことではないか、と思われるかもしれませんが、この4点を常に意識しつづけることはなかなか難しいものです。

知識重視の授業であれば、導入に○時間、本題に○時間と、頭の中で計算できますが、学級づくりはそんなに単純なものではありません。教師が予想もしなかった問題が次々と起こります。そんなとき、つい「やっぱりこの子は」「どうせこの学級は」と子どもたちに責任転嫁し

てしまいがちです。しかし、自分の指導に問題があれば見直し、修正してもう一度やってみる。指導に問題がないのであれば、今は成長曲線がぐんと伸びる準備期なのだと焦らずに構える。これを繰り返すことで、子どもたちはきっと成長するはずです。

本書は、小学館『総合教育技術』の連載「菊池省三の学級づくり方程式」をもとにまとめました。

連載時から、記事をまとめて構成いただいた関原美和子氏には、本当にお世話になりました。また、連載、本書をご担当いただいた編集部の川辺一雅氏にもお礼を申し上げます。

教師は、子どもを育てるのではなく、人間を育てること——この気持ちを忘れずに、これからも自分らしさを発揮した授業を行っていきたいと強く思っています。

2016年7月

菊池　省三

菊池省三の学級づくり方程式

発　行　2016年7月24日初版第1刷発行

著　者　菊池省三
構　成　関原美和子
発行者　伊藤 護
発行所　株式会社小学館
〒101-8001　東京都千代田区一ツ橋2-3-1
編集　03-3230-5682
販売　03-5281-3555
印　刷　大日本印刷株式会社
製　本　牧製本印刷株式会社

ブックデザイン　竹歳明弘（STUDIO BEAT）
校　正　目原小百合
編　集　川辺一雅
宣　伝　阿部慶輔
販　売　窪 康男
制　作　望月公栄

ISBN 978-4-09-840173-4